MARGIT SCHÖNBERGER
Mein Chef ist ein Arschloch

Buch

Chefs – die meisten haben einen und dann auch gleich jede Menge Probleme mit ihm. Manche von ihnen sind unfähig, launisch, machtbesessen oder führungsschwach. Sie schaden damit nicht nur ihrem Unternehmen, sie machen vor allem ihren Mitarbeitern das Leben schwer. Höchste Zeit, dass sich daran etwas ändert. Margit Schönberger legt eine pointiert formulierte Gebrauchsanweisung für das Überleben im Job vor. Frustrierte Arbeitnehmer können anhand der prägnanten Situationsbeispiele die Ursachen für ihre persönliche Unzufriedenheit ergründen und lernen, sich wirkungsvoll zur Wehr zu setzen oder ihren Chef geschickt umzuerziehen. Ein Chef, der das Prädikat »gut« verdient, nimmt auch sein eigenes Verhalten mal kritisch unter die Lupe, und das nicht erst, wenn der Laden nicht mehr rund läuft. Niemand, so Schönberger, hat das Recht auf Faulheit. Doch jeder Angestellte hat das Recht auf einen fähigen Vorgesetzten.

Autorin

Margit Schönberger ist Journalistin und erfolgreiche Sachbuchautorin. Sie war lange Zeit Leiterin der Presse- und Öffentlichkeitsarbeit einer großen Verlagsgruppe, bevor sie sich als Literaturagentin selbstständig machte. In ihrer langjährigen Berufserfahrung hat sie so manchen Chef erduldet, beobachtet und gelegentlich auch »erzogen«. Aus eigener Anschauung weiß sie, dass der Erfolg eines Unternehmens davon abhängt, wie es mit seinen Mitarbeitern umgeht. Die Autorin ist verheiratet und lebt in München.

Margit Schönberger

Mein Chef ist ein Arschloch

Von Machtmenschen, Feiglingen und Wichtigtuern

GOLDMANN

Die Ratschläge in diesem Buch wurden von der Autorin
und vom Verlag sorgfältig erwogen und geprüft,
dennoch kann eine Garantie nicht übernommen werden.
Eine Haftung des Autors bzw. des Verlags
und seiner Beauftragten für Personen-, Sach- und
Vermögensschaden ist ausgeschlossen.

Verlagsgruppe Random House FSC-DEU-0100
Das FSC-zertifizierte Papier *München Super* für Taschenbücher
aus dem Goldmann Verlag liefert Mochenwangen Papier.

3. Auflage
Taschenbuchausgabe Dezember 2006
Wilhelm Goldmann Verlag, München,
in der Verlagsgruppe Random House GmbH
Copyright © der Originalausgabe 2001
by Mosaik Verlag, München,
in der Verlagsgruppe Random House GmbH
Umschlaggestaltung: Design Team München
Umschlagfoto: Getty Images/Dutton (BC8361-001)
KF · Herstellung: Str.
Druck und Bindung: GGP Media GmbH, Pößneck
Printed in Germany
ISBN 978-3-442-15433-3

www.goldmann-verlag.de

INHALT

VORWORT 9

VON ALPHA-TIEREN UND LEEREN ANZÜGEN 13
Jede Schafherde hat einen Leithammel 13

WAS EINEN CHEF ZU EINEM GUTEN CHEF MACHT 19
Von Kommissaren, Menschen und Vorgesetzten 19
Zehn Gebote für einen guten Chef 22

DER STOFF, AUS DEM WIR MENSCHEN SIND 25
Ängste bestimmen unser Leben 25
Der distanzierte Mensch 26
Der depressive Mensch 31
Der zwanghafte Mensch 37
Der hysterische Mensch 42
Warum Ängste wichtig sind 47

DIE HOHE KUNST DER MOTIVATION 51
Was Bosse für Motivation halten 51
Wenn der Haussegen schief hängt 56
Vom betörenden Duft des Geldes 61
Warum Geld wichtig, aber nicht alles ist 66

WOLLEN SIE HAMMER ODER AMBOSS SEIN? 71
Ehrlichkeit ist der erste Schritt 71
Wissen Sie, was Sie wollen? 73
Karriere – warum? 75
Warum man denken soll, bevor man handelt 77
Sind Sie ein Rebell? 78
Können Sie Ihren Chef nicht »riechen«? 79
Sind Sie besser als Ihr Chef? 82

Warum merkt keiner, dass Ihr Chef ein Idiot ist? 84
Gemeinsame Leichen im Keller 84
Frühere Verdienste 84
Zu hohe Abfindungskosten 85
Beziehungen 85
Trägheit der Organisation 86
Sie selbst sind die Lösung 87

CHEFTYPEN – UND WIE MAN MIT IHNEN UMGEHT 89

Der Atemlose 89
Wie geht man mit dem Atemlosen um? 91
Der Blender 94
Wie geht man mit dem Blender um? 95
Der Feigling 97
Wie geht man mit dem Feigling um? 99
Der Inkompetente 102
Wie geht man mit dem Inkompetenten um? 103
Der Taktierer 105
Wie geht man mit dem Taktierer um? 108
Der Neurotiker 109
Wie geht man mit dem Neurotiker um? 111
Der Gutmensch 111
Wie geht man mit dem Gutmenschen um? 113
Der Machtmensch 115
Wie geht man mit dem Machtmenschen um? 117
Von Bedenkenträgern und Wichtigtuern 118
Der Opportunist 118
Der Bedenkenträger 118
Der Erbsenzähler 119
Der Choleriker 119
Der Hysteriker 119
Der Zyniker 120
Der Konfliktscheue 120
Der Intrigant 120
Der Lastenträger 121
Der Kumpel 121
Der Wichtigtuer 122
Mitarbeitertypen – lauter kleine Chefs? 122

Wovor der schlechte Chef sich fürchtet 125
Angst vor Kommunikation 125
Angst vor Entscheidungen 129
Angst vor Emotionen 132

Zehn Gebote, um den Psychostress in der Firma zu überleben 137
Niemand ist eine Insel 137
Du sollst nicht glauben 138
Du sollst nicht hoffen 139
Du sollst deinen Chef nicht lieben 140
Du sollst Offenheit praktizieren 142
Du sollst mutig sein 144
Du sollst interessiert und neugierig sein 148
Du sollst Zusammenhänge erkennen 150
Du sollst leidenschaftlich sein 152
Du sollst Geduld üben 154
Mensch, ärgere dich nicht 157

Epilog – Die Welt der Chefs und Angestellten in der Literatur 159

Deutschland testet seine Führungskräfte 167
Das Chefzeugnis 167

Register 183

VORWORT

Es gibt Tage, da kommt man aus dem Kopfschütteln nicht mehr heraus, und solche, an denen man den hellen Zorn kaum noch unterdrücken kann. Und dann gibt es Tage, da beschließt man resigniert, sich um nichts mehr zu kümmern, seinen eigenen Kram zu erledigen, nicht mehr nach links oder rechts zu blicken. Dann nickt man morgens den Kollegen zu, mit dem wissenden Blick, der sagt: Auch schon das Gehirn an der Garderobe abgegeben? Und abends begeben sich alle in die Tiefgarage, um die Fluchtautos zu besteigen. Wenn es nicht mehr nur einzelne Tage sind, die so ablaufen, sondern es fast täglich so geht, dann hat man vielleicht dieses Buch gekauft.

An dieser Stelle möchte ich mich bei meiner Mutter entschuldigen. Sie wird große Mühe mit dem Titel dieses Buches haben, und ich will ihr hiermit gerne bescheinigen, dass sie mich stets zu korrektem Sprachgebrauch angehalten hat. Ich meine dieses Wort im Titel, das mit dem Buchstaben »A« beginnt ... Es ist nur so: Was lange währt, wird – selbst wenn man nur Zuschauer ist – endlich Wut. Auf einen groben Klotz gehört ein grober Keil.

Dabei habe ich noch Glück gehabt: In meinem Leben gab es jede Menge guter Chefs. Sie haben meine positiven Anlagen und Eigenschaften gefördert und dafür gesorgt, dass ich an meinen schlechten arbeite. Dafür bin ich jedem von ihnen noch heute dankbar. So unterschiedlich und manchmal unangenehm ihre Methoden auch gewesen sein mögen; sie haben sich dafür, was Leute in ihren Firmen – und damit auch für sie – getan haben, interessiert.

Der Chef von heute – so scheint es in zunehmendem Maße – interessiert sich nur mehr für sich selbst. Die Arbeiter und Angestellten sind nicht mehr »meine Leute«, sondern Arbeitnehmer (Humankapital), von denen man möglichst wenig haben sollte, weil das gut für die Nerven und die Börsenkurse ist. Während zu Zeiten, als die Wirtschaftsgötter noch nicht verrückt waren, Einstellungen zu steigenden Kursen führten, weil diese Maßnahme als Indikator für Aufschwung und Innovation gesehen wurde, stehen die Zeichen heute genau umgekehrt.

Vielleicht ist es an der Zeit, ein paar Märchen einfach nicht mehr zu glauben. Vielleicht ist es auch an der Zeit, sich nicht mehr alles gefallen zu lassen? Als der Mensch sich zur Krone der Schöpfung erklärte, waren alle gemeint – nicht nur Chefs und Unternehmensberater. Und als er aufgefordert wurde, sich die Erde untertan zu machen, waren nicht die Chefs angesprochen, unter Vorschützung von Globalisierung und Standortgeschwafel, ihre Phantasielosigkeit am Rest der Menschheit auszutoben.

Wer, verdammt noch einmal, hat denn das Sagen in unserem Land, in unseren Firmen? – Richtig, Chefs. Es soll doch tatsächlich einmal so etwas gegeben haben wie den guten alten Chef. Der Chef, das ausgestorbene Wesen. Der Chef, der Entscheidungen getroffen hat. Der nicht nur eine Staubwolke hinterließ, wenn es um Wichtiges ging. Der nicht gesagt hat: »Details interessieren mich nicht!« Der für einen Text, der länger als eine halbe DIN-A4-Seite ist, keine »Lesehilfe« benötigte.

Sehnen Sie sich nach so einem? Nach einem, der noch weiß, was in seiner Firma produziert oder verkauft wird? Der vielleicht noch stolz darauf ist, was seine Leute fertig bringen?

Die gibt es kaum noch. Aber wir können sie uns schaffen. Vielleicht müssen wir darauf verzichten, uns mit ihnen zu duzen, und überhaupt müssen wir uns selbst ein paar wesentliche Chefeigenschaften zulegen, um diesen Erziehungsprozess in Gang zu bringen. Wir sollten uns nicht davor fürchten. Im Gegenteil. Denn schlechte Chefs tragen alle ein tief verborgenes Geheimnis mit sich herum: Sie haben Angst!

P. S.
Einen wichtigen Hinweis darf ich Ihnen nicht vorenthalten: Sie können Ihren Chef bei Freunden oder innerhalb der Familie als das bezeichnen, wofür Sie ihn halten. Aber sagen Sie ihm dieses Wort mit »A« niemals ins Gesicht. Das könnte Ihre sofortige Kündigung zur Folge haben.

Fragen Sie ihn lieber, ob er vielleicht Siegfried Kracauers Studie *Die Angestellten* (1929) kennt. Darin ist mit Blick auf die Chefetagen trefflich formuliert: »Es ist dunkel oben, die Spitzen leuchten nicht.«

VON ALPHA-TIEREN
UND LEEREN ANZÜGEN

Im Zusammenhang mit Chefs von Alpha-Tieren zu sprechen, ist seit einiger Zeit ziemlich »out«. Heute heißt das »Leadership«. Sei´s drum – ich weise Sie nur darauf hin, damit Sie sich nicht versehentlich durch die Verwendung eines aussortierten Begriffs ins falsche Licht rücken. Im Übrigen werden wir im Lauf dieses Buches noch gemeinsam feststellen, dass all die modischen Begrifflichkeiten doch nur alter Wein in neuen Schläuchen sind. Sie können wenig mehr als Verwirrung stiften, strengen die Köpfe derer unnötig an, die eigentlich anderes zu tun hätten, aber sie machen ihren Konstrukteuren viel Freude.

Jede Schafherde hat einen Leithammel

Um herauszufinden, wer oder was ein Alpha-Tier ist, lohnt sich ein kurzer Ausflug in die Tierwelt. Denn dort finden sich Hierarchien, die deutlich machen, dass ihr Vorhandensein nicht nur sinnvoll, sondern sogar überlebenswichtig für die Gruppe ist. So hat jede Schafherde einen »Leithammel«. Er wird nicht vom Schäfer bestimmt und auch nicht von seinem Hund, sondern allein von der Herde. Offensichtlich besitzt dieses Tier eine natürliche Autorität, die die Herde instinktiv erkennt. Der Schäfer wäre sicher schlecht beraten, die Glocke einem x-beliebigen Tier umzuhängen – so wie das heute in vielen

Firmen durchaus gang und gäbe ist. (Ein dunkelblauer Anzug macht allenfalls manchen Hammel zum Chef, aber noch lange nicht zum Leithammel!) Sie haben sicher schon oft die faszinierenden Formationen von Vogelschwärmen beobachtet. Ganz abgesehen davon, dass es schon an ein Wunder grenzt, wie die Tiere so dicht an dicht fliegend nicht kollidieren, ist allein diese Demonstration eines gemeinsamen Willens und Ziels schier unglaublich. Diese Koordinationsleistung geht von einzelnen Tieren aus (und wird von den Biologen das »Prinzip der sozialen Erleichterung« genannt).

Da diese Stare, Strandläufer oder Wildgänse (zum Glück) keine (Management-)Ausbildung genossen haben, tragen sie diese Koordinationsmechanismen offensichtlich als natürliche Begabung in sich. Vielleicht sind es einfach Tiere, deren Instinkte einen Tick schneller anspringen als die der anderen ...? (Was den Schluss nahe legen könnte, dass für Führungspositionen tatsächlich eine Begabung vorliegen sollte. Und zwar eine im Menschen angelegte. So wie kein Vogel im Schwarm die Spitze seiner Formation attackieren würde, wird ein solcher Chef auch ohne Murren von den Mitarbeitern anerkannt!)

Wir sollten an diesem Vogelschwarmbeispiel den Begriff der »sozialen Erleichterung«, den die Wissenschaft dafür gewählt hat, näher betrachten. Im modernen Management ist ständig davon die Rede, dass jeder Mitarbeiter »unternehmerisch denken« können müsse. Also ist jeder ein kleiner Chef? (Abgesehen davon, dass ich bezweifle, dass das möglich ist – wehe, einer nähme das wörtlich!)

Wenn jeder – theoretisch – gleich viel zu sagen hat, wo fliegt der Schwarm denn dann hin? Orientierungslosigkeit macht Stress, Zielvorgaben schaffen Erleichterung, und wenn jeder weiß, was er zu tun hat, ergibt sich ein geschlossenes Ganzes. Im Unterschied zu Vögeln können wir Menschen die Bedeutung von Ganzheit (ein-)schätzen und sogar erkennen, warum wir etwas tun. Das Erkennen von Sinn macht gute Laune, fördert die Leistung und hält den Einzelnen fröhlich und gesund.

Apropos Zugvögel: In keinem Land Europas spielen laut Umfragen so viele im Arbeitsprozess befindliche Menschen mit dem Gedanken des Aussteigens oder Auswanderns wie in Deutschland. Das lässt auf ein ungesundes (Büro-)Klima in unseren Breitengraden schließen.

Falls Sie es nicht so mit den Vögeln haben, wenden wir uns doch noch einmal kurz den Säugetieren zu. Ihr Führungsverhalten verkörpert das gegenteilige Prinzip, nämlich das der »sozialen Hemmung«. Diese hierarchische Struktur weist den einzelnen Tieren Rollen, d. h. Tätigkeiten (= Verantwortungen) zu, die Überschneidungen von Aufgaben verhindern. Bei den Affen lässt sich das am besten beobachten. Das Wichtigste vorweg: Die Bildung einer Rangordnung wirkt aggressionsbegrenzend und trägt zu einem geordneten Zusammenleben im sozialen Verbund bei. Zwar entscheidet ein offener Kampf über die Positionen und Ränge im sozialen Gefüge; sobald aber die Entscheidungen gefallen sind, wird die alltägliche Aggression stark begrenzt. (Während solcher Machtkämpfe in Firmen ist es immer aufschlussreich zu beobachten, in welche Nöte die aufstrebenden Karrierenachwuchskräfte kommen: Wie Schwärme von kleinen Putzerfischen treiben sie mal in diese Richtung, mal in jene – je nachdem, welcher Kandidat in den Gerüchteküchen gerade am heißesten gehandelt wird.)

Diese Alpha-Tiere genießen nicht nur Vorrechte (die beste Nahrung, den besten Schlafplatz und die erste Wahl der Weibchen – kommt uns doch bekannt vor, oder?), sondern übernehmen in hoch entwickelten Sozialverbänden auch Pflichten (kommt uns schon weniger bekannt vor!).

In der Marschformation der Gelbpaviane beispielsweise halten sich die Bosse meist im Zentrum der Gruppe auf, bei den Weibchen und Jungtieren. Die rangtieferen Männchen hingegen bewegen sich an der Peripherie. Trifft der Trupp unterwegs auf einen Feind, beispielsweise auf eine Raubkatze, rücken die Alpha-Tiere gegen den Feind vor, während das gemeine Affenvolk zurückbleibt.

An diesem Beispiel kann man gut erkennen, dass sich eine Führungskraft – zumindest in der Welt der Gelbpaviane – für das Wohl der Gruppe einem großen individuellen Risiko aussetzt. Nun sind wir keine Horde von Gelbpavianen, was schade ist, zumindest manchmal. Denn in der Säugetiergattung Mensch zeichnen sich nur wenige Alpha-Tiere – also Chefs – durch großen Mut aus.

Ich bin mir sicher, dass die Aktien – so es welche gäbe – bei einer Affengruppe nicht steigen würden, wenn deren Boss verkündet, dass soundso viele Tiere aus der Gruppe ausgestoßen würden. Bei uns Menschen greift aber nicht die »soziale Hemmung«, sondern die »soziale Marktwirtschaft«. Unsere Bosse haben nicht nur die besten Nahrungsmittel, die besten Schlafplätze und die begehrtesten Weibchen, sie führen oft die Gruppe blindlings in Gefahr, um sie dann – mit einer fetten Abfindung in der Tasche – im Stich zu lassen und sich neuen Aufgaben zu widmen. Es ist doch wirklich für jeden anständigen Menschen empörend, zusehen zu müssen, wie Aktienkurse von Firmen plötzlich steigen, wenn verkündet wird, dass sie durch Zusammenlegung (Globalisierung!) »verschlankt« werden. Verschlanken heißt: Hunderte, tausende, ja zigtausende Menschen verlieren ihren Arbeitsplatz. Bei solchen Nachrichten leuchten die Dollarzeichen in den Augen der Anleger auf – da riecht es nach dicken Gewinnen. Unter den Aktienbesitzern sind manchmal auch diejenigen, die gerade selbst wegrationalisiert werden. Aber es heißt ja zu Recht: »Nur die allerdümmsten Kälber wählen ihren Schlächter selber!«

Nein, das ist keine naive Betrachtungsweise von Wirtschaft. Noch der kleinste Buchhalter, und wenn er das Schlusslicht in der Truppe ist, kann rechnen; er weiß, wann Wirtschaftlichkeit gegeben ist und wann nicht. Und man sollte weder ihm noch uns erzählen, dass Unrentabilität über Nacht eintritt. Die besten Happen darf es nicht für nichts geben, sondern für Weitblick und Problembewältigung. Ein Kapitän muss das Meer bei jedem Wetter befahren können – einen Schönwetterkapitän gibt jeder Affe ab. Aber auch das unterscheidet die Krone der Schöpfung von dem Geschöpf, das nur ein Chromosom weniger hat. Bei uns gewinnt nicht immer der Cleverste. Bei der vergangenen US-Präsidentenwahl gab es während des Wahlkampfs einen peinlichen Zwischenfall: Kandidat George W. Bush (von den Journalisten gerne als »leerer Anzug« bezeichnet) war verärgert über unangenehme Fragen eines Journalisten und wandte sich nach deren widerwillig kurzen Beantwortung an seinen Wahlkampfbegleiter, der neben ihm auf der Tribüne stand: »Das ist ein Arschloch, dieser XX.« Leider vergaß Bush das Mikrofon auszuschalten, so dass hunderte von Versammelten mitbekamen, was ihr zukünftiger Präsident von Pressefreiheit und dem demokratischen Recht auf Nachfragen hält. Dieser Vorfall gab seinem Gegner Al Gore Gelegenheit für einen charmanten Witz: »Der Unterschied zwischen den Republikanern und uns Demokraten ist ganz einfach: Wir wissen, wann wir das Mikrofon ausschalten müssen.«

Nun – Ausschalten oder nicht –, wir wissen, wie es ausgegangen ist. Wer sich übrigens an dem zugegebenermaßen ordinären Titel dieses Buches stört: Ich dachte mir, was sich der amerikanische Präsident erlauben kann, können wir uns auch erlauben ...

WAS EINEN CHEF ZU EINEM GUTEN CHEF MACHT

Haben Sie sich schon einmal Gedanken darüber gemacht, weshalb in Fernsehkrimis die Vorgesetzten der handelnden Ermittler so oft als Trottel dargestellt werden?
Das ist nicht nur ein simpler dramaturgischer Trick des Drehbuchautors, um beim Zuschauer Sympathie für den Hauptdarsteller (also den Kommissar und sein Team) zu wecken, sondern auch ein Klischee, das – genau betrachtet – gar keines ist. Diese Sorte Vorgesetzte ist nämlich weit verbreitet.

Von Kommissaren, Menschen und Vorgesetzten

Wenn die Vorgesetzten der ermittelnden Beamten in Krimiserien nicht als Trottel dargestellt werden, dann zumindest oft als Feiglinge, die mit dem Telefonhörer in der Hand (»Jawohl, Herr Präsident/Staatsanwalt, ich werde mich sofort darum kümmern!«) nach oben buckeln, um sofort nach Beendigung des meist bemerkenswert kurzen Telefonats nach unten zu treten, einen rüden Befehlston anschlagen und nach dem zuständigen Kommissar bellen. Der wird dann ohne jede Kenntnis der Lage und ohne Rücksicht auf die tatsächlichen Gegebenheiten heruntergeputzt und unter Erfolgs- und Terminzwang gesetzt.

Egal, ob das Geforderte realistisch ist oder nicht. Diese Sorte Vorgesetzte ist allerdings weit verbreitet, sitzt leider überall, bevorzugt in Ämtern oder amtsähnlichen Institutionen. Sie wurden Chefs, weil sie »dran«, nicht, weil sie geeignet waren. Berufen von Leuten, denen nichts so sehr vertraut ist wie dieses System der »Erbhöfe«. Wer so an seinen (gut bezahlten) Posten gekommen ist, der hat – aus seiner Sicht – viel zu verlieren. Jedes Risiko, jedes Abweichen von der Norm ist immer eine Gefährdung des gewohnten Trotts – und nur der gewohnte Trott garantiert Frieden und Harmonie mit den Oberen.

Ein Aufmucken zugunsten eines – vielleicht zu Unrecht – Beschuldigten gibt es in dieser filmischen Szenerie nur in den untersten Rangstufen. Dort sitzen diejenigen, auf die das Menschlichsein abgeschoben wurde, die es sich leisten. Meistens, weil sie aufgrund ihrer inneren Einstellung gar nicht anders können: Denken Sie an Figuren wie Bella Block, die beiden wunderbaren Kölner Kommissare aus der *Tatort*-Serie und das dazugehörige Superarschloch von Staatsanwalt oder auch an den fabelhaften Fitz (zugegeben ein Spezialfall für extreme Genießer und deshalb vielleicht nicht allgemein verträglich). Oder weil – und das ist das Perfide am System – all diese Protagonisten keinen einzigen Fall lösen könnten, wenn sie nicht gelegentlich Vorschriften ignorieren und ihren eigenen Instinkten folgen würden, statt auf Paragraphen und Dienstvorschriften zu starren.

Würde es also im deutschen Fernsehfilm nach den Vorgesetzten unserer Krimilieblinge gehen, würden wir einerseits nicht nur vor Langeweile gähnen, sondern könnten uns andererseits auch noch über Dutzende von Justizirrtümern erregen. (Spielten diese Filme in den USA, wären diese armen unschuldigen Tröpfe sogar Kandidaten für die Todeszelle!)

Wer jetzt glaubt, ein Krimidrehbuch hätte so ganz und gar nichts mit dem wirklichen Leben zu tun, der irrt. Das Genre der Kriminalgeschichten – egal, ob in Buchform oder im Film – ist deswegen so beliebt, weil es auf zugespitzte Weise die soziale Wirklichkeit abbildet.

Es sind ja Alltagsgeschehnisse, die deutlich machen, wie es um eine Gesellschaft wirklich und im Detail bestellt ist. Die großen Skandale werden uns in den TV-Nachrichten und in den Zeitungen – zum Teil bis zum Überdruss – serviert. Menschen, die auf einer belebten Straße am hellichten Tag vergeblich um Hilfe rufen, weil sich die Passanten einen Kampf zwischen zwei Menschen lieber stumm und starr betrachten, als einzugreifen oder Hilfe herbeizuholen: So etwas kann man in einer *Tatort*-Serie beeindruckender und wahrscheinlich auch wirkungsvoller darstellen. Der Zuschauer ist emotional beteiligt, weil er mit dem Helden fühlt. Die Nachrichten lassen viele von uns schon längst kalt.

Doch zurück zu den Vorgesetzten: Was hat ein »guter Chef«, also eine zur Führung geeignete Person, denn konkret für Eigenschaften zu haben? Sie lassen sich laut der *Frankfurter Allgemeinen Zeitung* (der Zeitung für Chefs und solche, die es werden wollen) in zehn Punkten zusammenfassen:

Zehn Gebote für einen guten Chef

1. Ein guter Chef ist bescheiden und zugleich selbstbewusst. Er hat es nicht nötig, selbst immer mehr Macht bei sich aufzuhäufen, vielmehr ist er bestrebt, seine Mitarbeiter so zu fördern, dass sie in der Lage sind, möglichst viel Verantwortung zu tragen, und so ihrerseits mit Macht ausgestattet werden können.

2. Ein guter Chef ist eins mit sich. Er spielt keine Rolle, und er setzt keine Masken auf. Er glaubt an sich selbst, vertraut auf sein Können, und daher glauben auch seine Mitarbeiter an ihn.

3. Ein guter Chef ist ein guter Zuhörer. Er will wissen, was seine Mitarbeiter denken, und ist neugierig auf ihr Urteil. Er glaubt nicht, dass er automatisch alles richtig macht und besser weiß. Er geht daher auf Argumentationen ein und nimmt sie gegebenenfalls auch an.

4. Ein guter Chef hat Freude daran, seine Mitarbeiter zu motivieren und zu mobilisieren. Er hat die Steigerung seiner eigenen Ziele und die seines Teams vor Augen, achtet aber darauf, wo die Grenzen der Begeisterungs- und Belastungsfähigkeit liegen, und stärkt das Durchhaltevermögen aller Beteiligten.

5. Ein guter Chef gibt die Richtung an und sorgt dafür, dass sein Team sie versteht und akzeptiert. Er stellt die richtigen Fragen, lässt Gegenfragen zu und beharrt nicht darauf, dass allein seine Antworten die richtigen sind.

6. Ein guter Chef sorgt dafür, dass seine Mitarbeiter sich nicht in Fehlentwicklungen verrennen. Er konfrontiert sie mit Realitäten, ohne sie vor den Kopf zu stoßen und zu demotivieren, und er versteht es, Mitarbeiter dazu zu bringen, sich von lieb gewonnenen, aber überholten Denk- und Arbeitsmethoden zu verabschieden.

7. Ein guter Chef klebt nicht an Althergebrachtem und beherrscht die Kunst, mit der Zeit zu gehen (vielleicht sogar, ihr etwas voraus zu sein), ohne dabei in blinde Modernisierungswut zu verfallen. Er sorgt dafür, dass die Identität des Unternehmens in Zeiten des Wandels nicht leidet und für die Mitarbeiter erkennbar bleibt.

8. Ein guter Chef ist in jeder Hinsicht ein Vorbild für seine Leute: Sie wissen, was er will und warum. Er hat es daher nicht nötig, sich ständig Reden schwingend zu erklären. Er steht im Mittelpunkt des Interesses und kann allein durch kleine Gesten »große« Botschaften signalisieren.

9. Ein guter Chef versteht es, seine Mitarbeiter auf Fehler aufmerksam zu machen, ohne sie persönlich zu kränken. Er gestaltet Kritik so, dass der Kritisierte daraus lernt und keine Angst vor »Experimenten« entwickelt. Ein guter Chef lernt zudem aus den Fehlern seiner Leute.

10. Ein guter Chef macht mehr Chefs, weil er jeden Einzelnen seines Teams in die Lage versetzt, die besten Eigenschaften in sich zu entwickeln und zu entfalten. Er fördert das Selbstvertrauen seiner Leute und stärkt so deren Führungseignung.

Ich bin sicher, jeder vernünftige Mensch wird diese zehn Gebote nicht nur akzeptieren, sondern ihnen sogar applaudieren. Doch machen Sie mal die Probe aufs Exempel, denken Sie an Ihren Chef und gehen die Eigenschafts- und Verhaltensliste durch. Wenn Sie mehr als sechs Punkte positiv abhaken können, sind Sie ein ganz großer Glückspilz.

Wir werden im Lauf dieses Buches auf alle Punkte dieser Liste mehr oder weniger ausführlich zurückkommen. Vorher müssen wir uns jedoch – um einer realistischen Einschätzung willen – darüber klar werden, aus welchem Stoff Menschen gemacht sind. Nicht nur Chefs – wir alle. Denn manche unserer besten, aber auch unserer problematischen Eigenschaften treten erst in ganz bestimmten Lebenssituationen und -konstellationen auf. Sie alle haben mit bewältigten und nicht bewältigten Ängsten zu tun. So wie alles, was wir sind, was wir empfinden und was »gutes Leben« und Zusammenleben mit anderen Menschen für uns bedeutet, letztlich auch damit zu tun hat.

DER STOFF, AUS DEM WIR MENSCHEN SIND

Unser aller Leben hat ständig – und von Kindesbeinen an – mit der Überwindung von Ängsten zu tun. Schon bei der Geburt sind die zwei Menschen, die sie vollbringen, in der größten Form der Angst, der vor dem Tod, vereint. Die Schmerzen der Mutter, die ungeheure Anstrengung des Kindes (vielleicht die größte eines jeden Menschen in seinem gesamten Leben) sind mit derart vielen Emotionen verbunden, dass es nicht verwundern sollte, wenn diese beiden Menschen ihr Leben lang ein ganz besonderes, unauflösliches Verhältnis zueinander haben. Egal, ob ins Positive oder ins Negative gehend.

Ängste bestimmen unser Leben

Von der Geburt an folgt eine Angst der anderen. Die Angst, allein gelassen zu werden, die Angst, die beschützende Hand loslassen zu müssen und zu fallen, die Angst vor Fremden und dem Unbekannten generell, die Angst zu versagen – genau genommen besteht unser ganzes Erwachsenwerden und -sein aus einer Abfolge von Ängsten, die alle bewältigt werden müssen. Wie wir damit umgegangen sind bzw. wie uns dabei geholfen wurde, was wir dabei gelernt haben, welche Methoden der Angstbewältigung wir uns gemerkt und zu Eigen gemacht haben – das alles macht den erwachsenen, verantwortungsbewussten Menschen aus. So, mit mehr oder weniger Wissen und Erfahrung ausgestattet, bekommen wir Einzelwesen es miteinander zu tun, müssen miteinander auskommen, um das Leben miteinander auf mehr oder weniger engem Raum zu verbringen. Denn niemand ist eine Insel. Wer mehr vom Wesen der Spezies Mensch weiß, der ist im Vorteil. Das ist nicht zwangsläufig derjenige, der mehr Macht hat.

Wenden wir uns also den vier Grundformen der Angst zu, die Fritz Riemann in seinem gleichnamigen hervorragenden Buch beschrieben hat. (Ein Buch, das übrigens jeder lesen sollte, der sich für Menschen interessiert.)

Der distanzierte Mensch

Zwischen Menschen dieses Angsttyps und ihrer Mitwelt gibt es breite Kontaktlücken. Solche Menschen haben Probleme mit Nähe, weil sie sich ihrer selbst nicht sicher sind. Sie haben Angst vor Abhängigkeit, wollen niemandem verpflichtet sein, weil sie in der Beurteilung von Erlebnissen unsicher sind. Sie »trauen ihren Augen« und auch ihren Gefühlen nicht. Sind sich nicht sicher, ob etwas so ist, wie es scheint, oder ob es lediglich in ihrer Innenwelt stattfindet, sie sich also etwas nur »einbilden«.

Da so gestimmte Menschen zwangsläufig tief verunsichert sind, schließen sie sich nur schwer anderen an, weshalb ihnen auch jede Korrekturmöglichkeit ihres mangelhaften Urvertrauens und des daraus folgenden Eigenbrötlertums genommen ist. Wer es mit dieser Art schizoider Persönlichkeit zu tun hat, wird viele Enttäuschungen und Zurückweisungen erleben: Solche Menschen brechen Kontakte ohne ersichtlichen Grund abrupt – und für den Betroffenen völlig unvermittelt – ab, weil sie glauben, zu viel von sich preisgegeben zu haben. Fast jeder Art von Zuwendung wird statt mit Freude mit tiefem Misstrauen begegnet. Gelächter oder Getuschel beziehen solche Menschen oft auf sich und reagieren mit noch größerer Verschlossenheit und Abschottung.

Solche Prägungen werden natürlich vor allem in der Kindheit angelegt. Säuglinge, die nicht genug Körperkontakt und Zärtlichkeit erleben oder zu wenig Kontinuität, die Außenwelt also als kalt, abweisend oder unzuverlässig erfahren, beginnen, die Welt so einzuschätzen. Ständig wechselnde Bezugspersonen, Unruhe, Angst auslösende Reizüberflutung vermitteln solchen Menschen den Eindruck, sie seien völlig allein gelassen und auf sich selbst gestellt – es gibt keine Zuwendung weit und breit. Da ist niemand, auf den sie sich verlassen können, und da wird auch nie jemand sein. Lonesome Cowboys, einsame Wölfe.

Wem sich die Welt auf diese Weise vorgestellt hat und wessen Vorstellung von der Welt auf diese Weise geprägt ist, der wird bevorzugt nach Macht streben. Macht ist ein Zeichen von Unabhängigkeit und schafft Distanz. Man kann verletzen, wird aber selbst vor Verletzung durch Mangel an Nähe geschützt. So kommt es, dass sich in den Chefetagen diese Sorte des distanzierten Menschen, der aus seiner Einsamkeit eine Qualität macht, ziemlich häufig findet. Sie gehören zu den Meistgefürchteten und sind dennoch die, die sich am stärksten nach Nähe, Miteinander und Harmonie sehnen. Sie gehören zu der Sorte von Menschen (und Vorgesetzten), die sich oft hinter gnadenloser Kälte und Arroganz verschanzen. Ein Panzer der Abgrenzung, der kaum zu durchbrechen ist.

Chefs, die mit dieser Angststruktur behaftet sind, haben meist – als Ausgleich zur Kontaktschwäche und der selbst gewählten Isolation – ein enormes Sensorium für Atmosphärisches entwickelt, womit sie fehlende Mitmenschlichkeit für sich oft gut auszugleichen verstehen. Sie sind hervorragende Beobachter und nehmen Dinge wahr, die andere gar nicht registrieren würden. Für solche Menschen nehmen die kleinsten Kleinigkeiten Bedeutungen an, die sie allerdings oft gar nicht haben. Nichts ist mehr zufällig. Schon eine andere Kaffeetasse als die übliche, eine Zeitung, die bei der morgendlichen Post fehlt, oder ein Husten im Vorzimmer setzen den Denkapparat in Richtung Misstrauen in Gang. Wirft ein Mitarbeiter einem Kollegen einer anderen Abteilung einen freundlichen Blick zu, werden auf dem inneren Reißbrett Verschwörungstheorien größeren Ausmaßes entworfen. Daraus resultiert Eifersucht als eine der Hauptplagen, die solche Menschen heimsuchen. Aber nichts davon wird offen gezeigt, alle diese Gefühle werden in Schach gehalten, sozusagen in ein Korsett der Coolness gezwängt, hinter einer glatten Fassade der Überlegenheit verräumt. Die Psyche reagiert, als hätte sie einen Stock verschluckt.

Im Privaten und im Beruflichen verlangen solche Menschen von ihren Partnern oft geradezu perverse

Liebesbeweise. Sie neigen zu Haarspaltereien, empfindlicher Reizbarkeit, plötzlichen, überraschenden Aggressivitätsausbrüchen und – am anderen Ende der Skala – zu Desinteresse und stumpfem Autismus.

Damit keine Missverständnisse entstehen: Wir reden hier nicht von psychischen Erkrankungen, sondern von vier Psychostrukturen aufgrund von Angsterfahrungen, die uns allen eigen sind.

Die Ausprägungen sind unterschiedlich stark und können sich unter entsprechenden Umständen bis hin zum Krankhaften steigern. Fritz Riemann beschreibt die Möglichkeitsskala der »schizoiden Persönlichkeit« (die ich hier »distanziert« nenne) so:

- leicht Kontaktgehemmte
- Einzelgänger
- Originale
- Eigenbrötler
- Käuze
- Sonderlinge
- Außenseiter
- Asoziale
- Kriminelle
- Psychotiker

Menschen, die aufgrund frühkindlicher Erfahrungen in diese Angstmuster geworfen wurden, haben erfahren, dass sie »von allen guten Geistern verlassen« sind. Sie glauben – natürlich im übertragenen Sinn – an Geister, aber an keine guten, und dämonisieren die Welt. Es sind oft höchst begabte, zur Differenziertheit neigende Menschen, die sich mit dieser Prägung herumzuschlagen haben. Menschen, denen nichts in den Schoß fällt und die es – wenn es doch so ist – nicht merken. Sie erarbeiten sich alles ziemlich hart, sind Meister im Hinterfragen und meist Personen, die lieber in die Tiefe denken und nichts so sehr ablehnen wie Oberflächlichkeit. Aufgrund ihrer Bindungslosigkeit neigen sie zu revolutionären Ideen und vertreten manchmal extreme Standpunkte. Da sie nicht an Konventionen hängen, lösen sie oft neue Entwicklungen aus und zeigen völlig neue Möglichkeiten auf, an die bisher nicht gedacht wurde.

Wer mit dieser Persönlichkeitsstruktur leben muss und gelernt hat, mit ihr umzugehen, ist vielleicht mehr als einmal durch die innere Hölle gegangen. Und er hat gelernt, das Fehlende an sich zu erkennen und aus dem Vorhandenen das Beste zu machen. Das Beste wäre beispielsweise souveräne Selbstständigkeit und Unabhängigkeit: Eine klare Sicht der Dinge, ein unbestechlicher Blick für Tatsachen, das Talent, einen kühlen Kopf zu bewahren. Unabhängigkeit von überholten Traditionen und Dogmen, aber auch von Gefühlsduselei und Unklarheiten.

Schwammige Begrifflichkeiten und das freundliche Übersehen von gravierenden Schwächen anderer (zum Nachteil aller) ist nicht das, was man so einem Menschen/Chef nachsagen kann. Er hat die Dinge, über die er sich äußert, überprüft und darüber nachgedacht, weshalb seine Meinung auch eine fundierte und vor allem seine eigene ist. Er glaubt an sich und die Fähigkeit, sein Schicksal und seine Aufgaben zu meistern. Er ist Siegfried, der den Drachen bezwungen und in seinem Blut gebadet hat. Das Wichtigste aber ist: Dieser Siegfried kennt die Geschichte und weiß daher, dass auch auf ihn ein Blatt gefallen und er verwundbar ist. Und er wird diese Stelle niemals irgendjemandem verraten.

Der depressive Mensch

Diese Persönlichkeitsstruktur ist dem zuvor beschriebenen Typus diametral entgegengesetzt. Während der distanzierte Mensch darauf achtet, zwischen sich und dem Gegenüber einen gehörigen Abstand – im übertragenen, aber auch im körperlichen Sinn – zu wahren, kann die depressive Persönlichkeit dem Mitmenschen gar nicht nahe genug kommen. Wir alle kennen die Kollegen, die einem beim Smalltalk auf dem Gang oder in der Teeküche mitteilsam und gestenreich näher und näher rücken. Man weicht unwillkürlich einen Schritt zurück – der andere rückt unerbittlich nach. Es ist schwer, sich solchen Menschen zu entziehen, ohne unhöflich zu werden. Sie zwingen einen geradezu, das »Weiße im Auge des ungewollten Freundes zu sehen«. Eigentlich hat die Natur Mensch und Tier ein natürliches Empfinden für körperlichen Abstand, also für den eigenen »Dunstkreis« mitgegeben. Diesen »Auf-die-Pelle-Rückern« fehlt dieser gesunde Instinkt völlig, man kann sich ihnen nur durch Flucht entziehen.

Vielleicht können Sie mit diesem Bild zunächst Ihre landläufige Vorstellung von Depression nicht in Einklang bringen. Deshalb sei erneut darauf hingewiesen, dass die hier geschilderten Persönlichkeitstypen »innere Gestimmtheiten« zeigen, und zwar am Beispiel von Veranlagungen, in welcher Form Ängste erlebt werden. Wir sprechen hier nicht von krankhaften Formen dieser Prägungen.

Der depressive Angsttyp hatte im Regelfall eine zärtliche und behütete Kindheit. Meist waren es Kinder, die von ihrer Mutter wie ihr »Augapfel« behütet wurden. Kein Windhauch des Lebens sollte die Kleinen streifen – jeder von uns hat schon einmal einen Blick in einen Kinderwagen geworfen, wo das arme Kleine mitten im Hochsommer eingepackt lag, als ginge die Reise ins winterliche Sibirien. Oder den Jungen beobachtet, der beim Fußballspielen einen dicken Pullover tragen muss, während alle anderen im T-Shirt herumlaufen. Diese Mütter verbieten ihren Kindern alles, was in ihren Augen gefährlich ist – oder sie ihrem Einflussbereich entzieht. Sätze wie: »Das ist zu schwer für dich ...«, »... das kannst du noch nicht, ich mache das für dich!« sind typisch für eine solche Erziehung. Sie nehmen dem Kind jede Möglichkeit der Eigeninitiative und damit jede Chance, ein eigenes »Ich« zu entwickeln. Der kleine Mensch wird kindlich-hilflos gehalten, was er zunächst als den Himmel auf Erden empfindet – es geht ihm ja gut dabei. Diese anerzogene Abhängigkeit hat eine Verschmelzung mit dem Gegenüber zur Folge, die bis zur geistigen Gleichschaltung geht. Im Erwachsenenleben machen sich derart geprägte Menschen prinzipiell die Meinungen und Ansichten ihrer Partner zu Eigen; nicht aus Berechnung, sondern reflexartig – sie sind gar nicht in der Lage, gegen den Strom zu schwimmen. Das würde in ihrem Gefühlsleben Verlustängste auslösen, wäre gegen den Wunsch der totalen geistigen Verschmelzung gerichtet, die als die einzige mögliche Form von Liebe und Zusammengehörigkeit empfunden wird. Gelernt ist gelernt.

Diese Menschen haben in ihrer Kindheit erfahren, dass jedes Abweichen von den mütterlichen Parolen deren Ärger oder gar Zorn erregte und mit Liebesentzug bestraft wurde. Das wird in das eigene Erwachsensein – wenn man das überhaupt so nennen kann – als Erfahrung mitgenommen.

Politische Parteien und Institutionen leben von und mit ganzen Heerscharen dieser Jasager. Selbst in Großfirmen und Konzernen finden sich diese armen, ausnutzbaren »Arschkriecher«. Wo man doch meinen möchte, dass sie heute, mittels ausgefuchster Managementtechniken und Workshops, in deren Rahmen eine Modernisierungs- und Selbstbewusstseinsvermittlung die andere jagt, längst ausgestorben sein müssten. Große Chefs werden sie meistens nicht, aber zu kleinen »puppets on the strings« – von Großmeisters Gnaden – bringen sie es oft. Und da sind sie als willige Vollstrecker durchaus zu fürchten. Sie identifizieren sich mit ihrem Chef derart, dass sie dessen Wortwahl, dessen Gestik und dessen Stimmlage annehmen. Wenn ein derartig gestimmter Unterteufel durch die

Flure eilt, »ist« er der Chef, mit dem er verschmolzen ist. (Wenn Ihnen jetzt der Sciencefictionfilm *Die Körperfresser* einfällt, liegen Sie gar nicht so verkehrt.)

Dieser Wunsch, mit dem Gegenüber zu verschmelzen, um vermeintliche Sicherheit und Zuwendung zu erlangen, kann sich in einer anderen, mindestens ebenso problematischen Variante ausprägen. Wenn die vorhandene Distanz – aus welchen Gründen auch immer – nicht durch Verschmelzung, also Überidentifizierung mit dem Gegenüber aufzuheben ist, kann ein ähnlicher Effekt dadurch erzielt werden, dass man den Partner gleichsam »auffrisst«, ihn sich »einverleibt« und ihn von sich abhängig macht. Während man in der vorhergehenden Variante die kindliche Rolle weiterspielt und selbst abhängig bleibt, wird in dieser zweiten Variante der Spieß quasi umgedreht. Der so Geprägte wechselt von der Opfer- in die Täterrolle, in der er selbst zum Unterdrücker wird. Rufen wir uns ins Gedächtnis zurück, warum solche Verhaltensweisen existieren: Die Betroffenen können sich mangels Erfahrung nicht als eigenständige, selbstbestimmte Persönlichkeiten empfinden, sondern brauchen einen anderen Menschen, um sich existent zu fühlen. Das Fehlen des »Du« löst Panik aus.

Während der Distanzierte sich vor Nähe fürchtet und felsenfest davon überzeugt ist, die Welt sei böse und gemein, so besteht beim Depressiven eher die Gefahr, dass er die Welt idealisiert, nur um verehren und lieben zu können. Der Depressive will unbedingt glauben, dass die Menschen gut sind, damit er nicht zweifeln muss – das würde seine Sehnsucht nach Nähe ja stören. Was oft eine lebenslange Naivität zur Folge hat – um es milde auszudrücken. Depressive neigen zur Selbsttäuschung und legen daher oft – bewusst oder unbewusst – ein gekünsteltes Verhalten an den Tag. Die dahinter verborgenen Verlustängste werden umgedeutet als Aufopferung und tiefe Liebe.

Solche Menschen erwecken gerne den Eindruck, das Beste von sich für andere zu opfern, vor Pflichtbewusstsein zusammenzubrechen. Sie kultivieren im besonderen Ausmaß die Tugenden der Bescheidenheit, Selbstlosigkeit, Einfühlsamkeit, sind voller Mitgefühl, Mitleid und Friedfertigkeit. Ein geschärfter Blick entdeckt dahinter aber schnell falsche Bescheidenheit, Überanpassung, Gefügigkeit bis hin zu masochistisch-hörigen Haltungen. Das alles macht den so genannten Gutmenschen aus, mit dem man als Kollege und Chef in ausgeprägteren Varianten geradezu vom Schicksal geschlagen sein kann.

Selbstbewusste Menschen kommen mit depressiv Geprägten auf Dauer nicht aus, weil sie keine adäquaten Gesprächs-, Arbeits- und Lebenspartner für sie sind. Wenn sie sich anpassen, langweilt sich der Selbstbewusste, und wenn sie ihn vereinnahmen wollen, nerven sie ihn. Depressive Persönlichkeiten haben das christliche Gebot, den Nächsten wie sich selbst zu lieben, falsch verstanden und umgewandelt in »mehr als sich selbst«. (Das hat aber schon einer getan – und zwar für uns alle!)

Auch für die depressive Angstprägung, die, es kann nicht oft genug betont werden, mehr oder weniger verborgen in uns ruht und überhaupt nichts Krankhaftes hat, gibt es Steigerungsformen, die wie folgt gestaffelt sind:

- Bescheidenheit
- Schüchternheit
- Gehemmtheit im Fordern
- Passivität
- Bequemlichkeit
- Niedergeschlagenheit
- Hoffnungslosigkeit
- Verzweiflung
- Melancholie

Am Ende einer solchen Linie, im Bereich der ernsthaften seelischen Erkrankung, stehen oft völlige Apathie, Indifferenz, Gleichgültigkeit und Flucht in die Sucht.

Menschen, denen diese Angststruktur zwar eigen ist, die sie aber positiv bewältigt und ins Leben integriert haben, finden sich oft in helfenden, therapeutischen und sozialen Berufen, wo sie ihre ausgeprägte Geduld und ihr Einfühlungsvermögen am besten einsetzen können. Sie sind hervorragende Teamarbeiter, gute Erzieher und Ausbilder, weil ihre fürsorgliche Haltung und ihr Abwartenkönnen Vertrauen schafft und sich wohltuend vom heute vorherrschenden Egoismus abhebt. Derjenige, der seine depressiven Ängste im Griff hat, ist nicht leichtlebig, er nimmt das Leben eher (zu) ernst. Daher ist er keine Chefpersönlichkeit, die harte Entscheidungen fällen mag. Dafür hat er aber Humor entwickelt und beherrscht die Kunst, »trotzdem zu lachen«.

Der zwanghafte Mensch

Einen neuen Erdteil würde die hier zu beschreibende Persönlichkeit sicherlich nicht entdeckt haben (als es dazu noch Gelegenheit gab). Abenteuerlust und Pioniergeist ist ihre Sache nicht; vielmehr sind Menschen, die mit dieser Angststruktur behaftet sind, intensiv darum bemüht, möglichst alles so zu belassen, wie es ist. Sie fürchten sich vor Veränderungen, wollen an Vertrautem und Altbewährtem festhalten. Alles Neue und Unbekannte wird als Risiko betrachtet, als Bedrohung der eigenen Sicherheit. Versicherungsvertreter auf der ganzen Welt finden unter Menschen mit dieser Psychostruktur ihre willigsten Kunden. Zu Zeiten, als in Büros noch mit Bleistiften gearbeitet wurde, konnte man an der Art, wie diese Stifte auf dem Schreibtisch in der dafür vorgesehenen Schale angeordnet waren – wie die Orgelpfeifen nach Größe und selbstverständlich immer tipptopp angespitzt – schon erkennen, wer da saß. Die Akten immer schön im rechten Winkel ausgerichtet, kein schräg liegendes Papierchen stört die Symmetrie, kein Stäubchen trübt das Bild der zur Ewigkeit geronnenen Ordnung. Für solche Kollegen hätte keine Stechuhr erfunden werden müssen, sie sind Mensch gewordene Stechuhren – nach ihren Gewohnheiten könnte man die Weltuhrzeit festlegen. Die Zeiten haben sich geändert, und diejenigen, die dafür zu sorgen hatten und haben, verdanken diesen Persönlichkeiten so manches graue Haar, weil jede Modernisierung gegen deren erbitterten Widerstand durchzusetzen war.

Sie sind Bedenkenträger, »Aber«- und »Lieber nicht«-Sager und fast in jeder Firma oder Unternehmung die natürlichen Feinde aller Spontanen und Kreativen. Ist ein Team überproportional mit Menschen dieser Angstausrichtung besetzt, werden sie zum Leidwesen der anderen dafür sorgen, dass jede Besprechung endlos lange dauert und meist ohne konkretes Ergebnis endet. Gruppen, die so zusammengesetzt sind, gehen im Vergleich mit anderen immer als Letzte durch das Ziel.

Die tief sitzenden Neuerungsängste dieser Menschen kommen, wie alle anderen Ängste auch, von Erfahrungen, die in der frühen Kindheit gemacht wurden. Äußerungen von Spontaneität und Impulsivität – wie sie jedem Kind ursprünglich zu Eigen sind – wurden früh gebremst, verboten oder sogar bestraft. »Siehst du nicht, dass ich gerade beschäftigt bin und nicht gestört werden will?« oder »Sei doch leise, Papa schläft« oder »Lass das, du bringst meine Haare in Unordnung!« – wer solche Disziplinierung und desinteressierte Abwehr andauernd hört, schließt als kleiner Mensch daraus, dass er sich besser in das gegebene Karomuster fügt. Haushalte, in denen die Teppichfransen mit dem Kamm ausgerichtet werden und der Badetag auf jeden Fall der Samstag ist und man den Sonntag schon daran erkennen kann, dass es zu Mittag Schweinebraten gibt, produzieren kleinkarierte, zwanghafte Menschen. Mögen diese unverrückbaren Abläufe heute im Detail anders aussehen, die Folgen sind zwangsläufig dieselben: Wer nicht in der Spur bleibt, bekommt ungute Gefühle, Druck oder gar Ärger zu spüren.

Scheidungskinder, die von beiden Elternteilen im Vorfeld ihrer Trennung als Faustpfand benutzt und hin- und hergezerrt werden, erliegen oft der Angststruktur des Zwanghaften. Sie suchen verzweifelt nach einer Ordnung, einer zuverlässigen Gesetzmäßigkeit, einem Boden, der sie sicher trägt. Ist das von der Umgebung nicht zu bekommen, schaffen sich solche Kinder ihre eigene Ordnung, eigene Unumstößlichkeiten, Meinungen und Einstellungen, die nicht mehr durch Himmel und nicht durch Hölle erschüttert werden können. Sturheit als Überlebensstrategie!

Aus diesem Stoff wurde schon immer williges Stimmvieh für Parteien gemacht: der Prototyp des geistigen Mitläufers, gnadenlose Bürokraten, die nicht nach links und nicht nach rechts schauen; die es fertig kriegen, minderjährige Ausländerkinder ohne ihre Eltern in für sie fremde Länder abzuschieben, nur weil die Gesetzeslage es zulässt.

Hängt ein Bild schief, der Zwanghafte wird es auf der Stelle gerade rücken. Er wird es damit begründen, dass es sein ästhetisches Empfinden stört. Die Wahrheit ist, es verletzt in seinen Augen »das Gesetz«, die »heilige Ordnung«; wo könnte das hinführen, was alles könnte noch außer Kontrolle geraten?

Menschen dieser Art fällt es äußerst schwer, Entscheidungen zu treffen. Jedem Für folgt sofort ein Wider, alles wird endlos hin- und herüberlegt, wieder verworfen und von neuem überlegt. Denn Entscheidungen müssen für den Zwanghaften gültig bis in alle Ewigkeit sein. Bis eine solche Persönlichkeit sich für einen Partner entschieden hat, ist der oder die Auserkorene schon längst mit einem anderen verheiratet, der aus dem Katalog erwählte Wintermantel nicht mehr lieferbar und das individuelle Rabattmodell für den Kunden X obsolet, weil der sich längst einen anderen Lieferanten gesucht hat.

Vor lauter Angst, das Falsche zu tun, beschäftigt sich dieser Mensch nie mit dem Richtigen – weshalb sein ganzes Wesen gedanklich ständig mit dem erfüllt ist, was er ablehnt. Solche Menschen leiden oft unter Zählzwang oder Wasch- und Putzzwang, kontrollieren mehrmals, ob sie Herdplatten ausgeschaltet, das Bügeleisen und den Fernseher ausgesteckt haben und fahren nachts noch einmal ins Büro, weil sie nicht sicher sind, ob sie den Computer heruntergefahren haben.

Die Angst, dass etwas Unbekanntes, Unvorhergesehenes passieren könnte, überschattet das Gemüt solcher Menschen und paralysiert sie geradezu.

Sie haben Angst vor dem Leben, weil sie sich vor der unumstößlichsten aller Veränderungen, dem Tod, fürchten. Wir haben gelernt, dass alles Leben fließt – diese philosophische Erkenntnis ist für zwanghafte Menschen eine Schreckensnachricht, sie möchten, dass alles steht, nichts Vertrautes vergeht.

Hinter dieser Angst vor Wandel und Vergänglichkeit steckt die tiefe Sehnsucht nach Vollkommenheit, nach Endgültigem. Auf dem Weg dorthin wird alles verfolgt, unterdrückt und gehasst, was sich diesem Absolutheitsanspruch widersetzt. Aus Rhythmus wird Takt, aus Ethos Moral, Sprache reduziert sich auf Grammatik und Wissenschaft auf starre Lehre. Dem zwanghaften Menschen wird alles zum Prinzip. Bei genauerer Betrachtung erkennen wir sie alle wieder, diese Dressurmethoden der früheren Lehrer, Eltern und Erzieher, gegen die sich die Kräftigeren und Lebhafteren immer gewehrt haben. Aber eben nicht alle sind den Maßnahmen entkommen. Wenn sie Glück hatten, wurden sie gute Beamte, Juristen, exakte Naturwissenschaftler, Systematiker, Controller. Wenn es schief gelaufen ist, wurden sie zu denjenigen innerhalb dieser Berufsgruppen, die für deren zweifelhaftes Image verantwortlich sind.

Auch innerhalb dieser Persönlichkeitsstruktur gibt es eine Stufenfolge vom »Normalen« zum Pathologischen:

- der Sachliche-Pflichtbewusste
- der Pedant
- der Nörgler
- der Zweifler und Zauderer
- der Streber
- der Kriecher
- der »Radfahrer«
- der Tyrann
- der Despot und Autokrat
- der Zwangskranke

Wer solche Ängste in sich erkennt und sich mit ihnen auseinander gesetzt hat, ist in der Lage, sie vorteilhaft in sein Leben zu integrieren. Als Mitmensch wird man den Fleiß und die ausdauernde Zukunftsorientierung an diesem Menschen schätzen. Vielleicht wird man sich gele-

gentlich fragen, warum es ihm so schwer fällt, auch mal
»fünf gerade sein zu lassen« – aber eben diese Verantwortlichkeit, Konsequenz und die Zähigkeit, an einer
Aufgabe dran zu bleiben, befähigen solche Menschen, viel
zu erreichen. Ihre Grundstimmung ist vorwiegend ernst,
und sie stehen zu einmal gewonnenen Einsichten. Haben
zwanghafte Persönlichkeiten ihr übersteigertes Bedürfnis
nach Sicherheit und Dauer durch Lebenserfahrung und
Nachdenken in den Griff bekommen, werden sie auch zu
Wagnissen fähig sein, vor denen sie sich im ersten Impuls
ängstigen.

Der hysterische Mensch

In dieser Angstdisposition finden wir diejenigen, die
prinzipiell bei Rot über die Straße gehen, die ewig Unpünktlichen, die Dampfplauderer und die, auf die man
sich unter keinen Umständen verlassen kann. Sie erzählen
bei Bedarf, aber auch ohne Not, die phantastischsten
Lügengeschichten dermaßen facettenreich und nachdrücklich, dass man ihnen zunächst oft Glauben schenkt, weil
sich jeder realitätsbezogene Zuhörer sagt: »Das muss wahr
sein, weil es niemand Vernünftigem einfiele, sich so etwas
auszudenken!« Die Ausreden und Ablenkungsmanöver der
hysterischen Persönlichkeit wären oft eines arabischen
Märchenerzählers oder Baron Münchhausens würdig,
und mancher Romanschriftsteller könnte vor Neid nur
erblassen.

Hinter solchen Verhaltensweisen steckt die Angst vor dem Endgültigen, dem Notwendigen, ja den Gesetzmäßigkeiten des Lebens und des Zusammenlebens von Menschen. Während der zuvor beschriebene zwanghafte Mensch den Wechsel und das Risiko scheut, befindet sich der Hysterische darin in seinem Element. Alles Neue wird bejaht, ja regelrecht zur Obsession, die kleinste Möglichkeit zur großen Chance. Erfährt so ein Mensch, dass ein Abteilungsleiter gekündigt hat, wird er noch am selben Abend zu Hause erzählen, ihm sei dieser Posten angeboten worden. Nichts davon ist wahr, aber es könnte doch so kommen. Und er wird – angesichts der zu erwartenden Gehaltserhöhung – bereits am Samstag darauf (auf der Basis von null Realität) ein neues Auto bestellen.

In dieser Menschengruppe werden alle Einengungen und alle Regeln abgelehnt und zugunsten der eigenen Phantastereien außer Kraft gesetzt. »Einmal ist keinmal« lautet das Lebensmotto dieser bunten, lebenslustigen Vögel, die immer mit der Mode gehen, nicht alt werden (wollen), immer fröhlich sind, für die Probleme nicht existieren, weil sich (scheinbar) immer ein Ausweg findet, die Hürden der Realität zu umgehen.

Wir »anderen« wissen, dass sich gültige Spielregeln nun mal nicht auf Dauer außer Kraft setzen lassen. Jedes überzogene Bankkonto muss irgendwann einmal ausgeglichen, jeder Abgabetermin einmal eingehalten werden, und jeder von uns feiert irgendwann einmal seinen 50. Geburtstag, ob er will oder nicht. Wer das Leben als eine Aneinanderreihung von Hintertürchen betrachtet und das Gesetz der Kausalität, den Zusammenhang von Ursache und Wirkung, leugnet, der wird irgendwann in einer Pseudo- und Phantasiewelt landen und sich in der Wirklichkeit nicht mehr zurechtfinden. Ein Ausweg ist bei solchen Menschen oft die Flucht in eine Krankheit.

Diese kleinen und großen Fluchten haben, wie alle anderen bisher beschriebenen Ängste, ebenfalls ihre Ursache in frühen Kindheitserfahrungen: zwischen dem vierten und sechsten Lebensjahr, wenn Kinder keine Babys mehr sind und sie die Erwachsenen beobachten, um Verhaltensweisen als vorbildlich zu übernehmen. Wer in dieser Phase keine logischen Strukturen erkennen kann, für ein und dieselbe Handlung einmal getadelt, ein andermal dafür aber vielleicht gelobt wird, wird erfahren, dass es keine Beobachtung gibt, aus der man verlässliche Schlüsse ziehen kann. Dass man tun und lassen kann, was man will, dass es keine erkennbaren Gesetze und Regeln gibt. Solche Kinder kann man oft in teuren Hotels oder Restaurants beobachten: Sie toben zum Unwillen aller anderen Gäste ungestraft und von den Eltern unbeachtet lärmend durch die Gegend, werden aber angeblafft, wenn sie während des Essens die Serviette fallen lassen. Sie werden einmal behandelt wie gleichberechtigte Erwachsene, die selbst entscheiden können, wie sie sich verhalten, und einen Moment später wie kleine Kinder (die sie ja noch sind).

Daraus werden Erwachsene, die jedem Impuls, jedem Anreiz nachgeben, sich jeden Wunsch sofort erfüllen wollen. Jede Disziplinierung, jede geleistete Arbeit muss sofort irgendwie belohnt werden. Verantwortung ist ein lästiger

Begriff, Zeit und Geld sind dehnbar – wie die ganze Welt solcher Menschen eine Gummiwelt ist. Biegsam und den eigenen Wünschen anzupassen. Persönliche Freiheit wird ganz groß geschrieben – ohne Rücksicht auf andere.

Diese Ablehnung von notwendigen Ordnungen hat natürlich ihren Preis; oft sind das neuerliche Ängste. Hysterische Persönlichkeiten leiden oft an Phobien wie Platzangst (Agoraphobie) oder an der Angst, sich in geschlossenen Räumen aufzuhalten (Klaustrophobie), Angst vor dem Alleinsein u. v. m.

Diese vermeidbaren Ängste (Fahrstühle und Menschenansammlungen kann man ja schließlich meiden) sind eigentlich nur die Kanalisation der einen großen Angst vor Verpflichtungen, Festlegungen und Verantwortung. Wer nie genau erfahren hat, was der Unterschied zwischen Recht und Unrecht ist, wer nie angeleitet und geführt wurde, wird grundsatzlos durch die Welt taumeln und den jeweils scheinbar notwendigen Standpunkt »spielen«. Rollen und Masken als Ersatz für ein eigenes, fühlbares Sein sind das Merkmal solcher Menschen. Sie bekommen dadurch etwas Schillerndes, schwer Fassbares – meint man, sie endlich beim Wort nehmen zu können, sind sie schon in die nächste Rolle geschlüpft und nehmen wortreich einen neuen verwirrenden Standpunkt ein. Stehen sie dennoch einmal argumentativ mit dem Rücken zur Wand, wechseln sie oft blitzschnell zur Vorwärtsverteidigung, drehen den Spieß um und beschuldigen aus heiterem Himmel den »Ankläger«. Wie sie ohnedies eigene Fehler meist bei den anderen suchen.

Menschen, die aufgrund von einer »Sie küssten und sie schlugen mich«-Erziehung mit hysterischen Persönlichkeitsstrukturen behaftet sind, finden sich oft in Berufen, in denen Ämter und Würden repräsentiert werden und in denen sie ihre Kontaktfreudigkeit leben können. Sie beziehen Leistung und Erfolg immer auf sich selbst, weniger auf die Sache, und sind daher sehr abhängig von Sympathie und Anerkennung. In der Politik vertreten solche Menschen oft radikale und/oder revolutionäre, fortschrittsgläubige Parteien, die ihrem Wunsch nach Veränderung entsprechen und einem naiven Glauben an das Neue (als Qualität an und für sich) entspringen.

Auch hier lässt sich wieder eine ansteigende Linie hysterischer Verhaltensweisen von »normal« zu nennenden Formen bis hin zu schweren hysterischen Erscheinungsbildern aufzeigen:

- narzisstisches Bedürfnis
  (d.h. im Mittelpunkt stehen zu wollen)
- Geltungsdrang
- Kontaktsucht
- hysterische Verlogenheit und Intrigantentum
- Jugendlichkeitswahn
- ständig wechselnde Rollenspiele
  (sowohl im Äußeren wie auch im Verhalten)
- schwere hysterische Erscheinungsbilder
  (mit den zugehörigen körperlichen Erkrankungen)

Wie auch bei den vorher geschilderten Angststrukturen, die wir alle in irgendeiner milden oder weniger milden

Form, häufig auch in Mischungen, in uns tragen, kann die hysterische Angststruktur ebenfalls vom gesunden Menschen bewältigt werden.

Dann zeichnet sie eine Person durch Risikofreude, kreative Neugier, Optimismus, Lebensfreude und der Fähigkeit aus, andere zu faszinieren, mitzureißen und zu Neuanfängen zu bewegen. Diese lebenssprühenden Persönlichkeiten rütteln an Überkommenem und Veraltetem, an erstarrten Gewohnheiten, setzen Neues in Gang, haben viel Humor und Impulsivität und gleichen damit ihren Mangel an Geduld und Ausdauer wieder aus. Gerade die Mischung aus Neugier und Ungeduld lässt sie Grenzen überschreiten und dem Leben Freude und Abenteuerlichkeit abgewinnen, wovon ihre weniger obsessive Umgebung meist in jeder Hinsicht profitiert.

Warum Ängste wichtig sind

Fast alle Menschen beziehen solche Beschreibungen wie die der vier Grundformen der Angst zunächst auf sich und versuchen, sich selbst darin einzuordnen. Vielleicht sind Sie jetzt sogar enttäuscht, weil Sie ein bisschen von allem in sich zu tragen glauben? Das wäre nicht nur normal, sondern sogar ein ausgesprochen gutes Zeichen. Da diese Typologisierung dem wirklichen Leben abgeschaut ist, spiegelt sie wider, wie es auf der Welt zugeht. Je besser wir mit beiden Beinen auf der Erde »verankert« sind, desto besser sind die Schattenseiten unseres Daseins in uns

»abgemischt«. Ist die eine oder andere Furcht in uns überproportional vertreten, ist unser menschlicher Reifungsprozess noch nicht abgeschlossen. Wir haben noch an uns zu arbeiten, um zu charakterlicher Ganzheit zu gelangen.

Die kleinen Neurosen, mit denen wir alle – mehr oder weniger – zu kämpfen haben, sind nicht weiter tragisch, wenn wir in der Lage sind, die großen Ängste zu erkennen, die dahinter stecken. Wer wegschaut, an seinen Macken nicht arbeitet, ihre Symptome wie beispielsweise die Furcht vor dem Alleinsein, Platzangst und andere Abweichungen vom Normalverhalten unbearbeitet lässt, wird ständig damit beschäftigt sein, entsprechende Ausweichmanöver auszuführen. Alle Energie und Kreativität erschöpft sich darin – und für das richtige Leben bleibt keine Zeit.

Wer sich in einem solchen Lebenszustand befindet, nämlich im ständigen und zeitraubenden, ja zermürbenden Abwehrkampf gegen Symptome von Ursachen (die man nicht zur Kenntnis nehmen will), wird zwangsläufig ein komplizierter Zeitgenosse sein. Da Menschen die meiste Zeit ihres mittleren Lebensabschnitts im Berufsleben stehen und dort mit anderen komplizierten Charakteren zusammentreffen, entsteht tagtäglich eine hochexplosive emotionale Gemengelage und man kann sich nur wundern, dass die Arbeitstage in den so genannten Hochzivilisationen (meistens) ohne Mord und Totschlag abgehen.

Wobei die Umwandlung von ohnmächtiger Wut, hilflosem Zorn und innerlich geballten Fäusten in Krankheiten keine Seltenheit ist. Wenn sich dabei langsam, aber stetig gesundheitliche Störungen aufbauen, die in ernsthafte, chronische Erkrankungen münden, sind das am Ende auch so etwas wie »legale« Varianten von Mord und Totschlag. Wer sich jemals mit Psychosomatik beschäftigt hat, weiß wovon hier die Rede ist.

Alles hier Gesagte betrifft sowohl Arbeitnehmer wie auch Arbeitgeber, ohne Ansehen von Hierarchien und Positionen. Ich halte das für betonenswert, da viele Menschen irrtümlich erwarten, ein Vorgesetzter hätte ganz automatisch ein »besserer« Mensch zu sein. Das ist unsinnig und naiv. Der Charakter eines Kollegen geht einen so lange nichts an, als er keine negativen Auswirkungen auf die Zusammenarbeit und das berufliche Zusammenleben hat. Was man von einem Chef allerdings erwarten darf und muss, ist, dass er auf dem Gebiet, welches ihn mit seinen Mitarbeitern zusammenführt – also auf dem Berufsfeld –, Qualitäten aufweist, die ihn vor dem Rest der Truppe auszeichnen. Dass dazu auch eine gewisse menschliche Reife zählt, die übrigens nicht unbedingt etwas mit dem Alter zu tun haben muss, ist hierbei unabdingbar.

Mit menschlicher Reife ist nicht gemeint, dass jede Fröhlichkeit, Ausgelassenheit und die Fähigkeit, einmal fünf gerade sein zu lassen, fehlen. Das eben gerade nicht. Ein Erwachsener, der seinen Mitmenschen und Mitarbeitern ein erfreulicher Zeitgenosse ist, weiß genau, wann Ernst und wann Lockerheit angesagt ist. Reife ist ein Ausdruck von innerer und äußerer Sicherheit, weil man ganz bei sich selbst ist. Und das sollte ein guter Vorgesetzter eben sein.

An dieser Stelle will ich die Bezeichnung »Erwachsener« noch ein wenig beleuchten. Vielleicht hat der Begriff Sie in unserem Zusammenhang irritiert? Wer anders könnte Chef sein als ein Erwachsener, sagen Sie vielleicht. Das ist aber nicht zwingend der Fall, was schon angesichts der persönlichkeitsprägenden, unbewältigten Angsterfahrungen deutlich wird, die hier beschrieben wurden. Wir haben es oft genug mit Menschen (und Chefs) zu tun, die das Erwachsensein nur mimen. Die nur mit gößter Mühe das innere, unglücklich gewesene Kind vor der Umwelt verbergen können. Wohingegen ein geglücktes Heranwachsen jedem Menschen die Möglichkeit belässt, die unbeschwerte und zuversichtliche Haltung, mit der eigentlich jedes Kind auf die Zukunft blickt, in sich zu bewahren. Wem dieses kindliche Urvertrauen nicht ausgetrieben wurde, dem fällt es natürlich viel leichter, mit sich selbst eins und somit ein guter, ausgeglichener »Anführer« zu sein.

DIE HOHE KUNST
DER MOTIVATION

In Schwaben sagt man: »Nicht geschimpft, ist schon gelobt!« Diese Art der Sparsamkeit ist wohl eher etwas für Leute, die sich über Generationen an die harte oder karge Tour gewöhnt haben. Also nicht jedermanns und -fraus Sache. Unter der Aufzählung von positiven Chefeigenschaften haben wir u. a. notiert: »Ein guter Chef hat Freude daran, seine Mitarbeiter zu motivieren (und zu mobilisieren).«

Was Bosse für Motivation halten

Ich kenne nur wenige Chefs, die von Motivation wirklich etwas verstehen. Offenbar deckt sich diese Beobachtung aus der Praxis auch mit der Theorie, da die Managementfachliteratur sich mit diesem Punkt auffällig häufig und intensiv beschäftigt. Der Haken an der Sache *ist* aber bereits der gravierende Unterschied von Theorie und Praxis.

Wer hat einen Chefaufruf – Marke »flammende Rede« – dieser Art noch nicht gehört? Er lautet in etwa immer gleich: …dass
- es nicht mehr so weitergehen kann wie bisher … (Wer hat den bisherigen Weg vorgegeben? Der Chef!)
- Schlendrian ab sofort nicht mehr geduldet werden kann … (Wer hat ihn – falls wirklich vorhanden – bisher geduldet? Der Chef!)

- der Wettbewerb härter wird, nicht zuletzt wegen der Globalisierung, deshalb gibt es ab sofort Einstellungsstopp ... (Wer hat gerade einen Geschäftsleitungsassistenten und drei Leute im Controlling eingestellt? Der Chef!)
- die Lohnnebenkosten und sonstige Steuerlasten immer höher werden, weshalb die Gehälter ab sofort eingefroren werden ... (Wer erzählte gestern in einer feuchtfröhlichen Runde, dass er sich gerade überlege, ein Haus in der Toskana zu kaufen? Der Chef!)
- wir in Zeiten leben, in denen jeder vernünftige Mensch froh um seinen Arbeitsplatz sein muss und die unseren trotz aller Probleme sicher sind ... (Wen treffen Entlassungen zuletzt? Die Chefs!)
- wir eine so tolle Truppe sind, die alle Schwierigkeiten meistert, wenn wir nur kräftig in die Hände spucken und zusammenhalten ... (Wer soll denn in die Hände spucken, wenn nicht die, die rudern? Der Chef?)
- wir die Größten sind! (Sagt – ganz überraschend – zum Schluss: Der Chef!)

Das erste Mal – vor vielen Jahren –, als ich so eine Rede hörte, fuhr der Chef (der, um der Wahrheit die Ehre zu geben, eine Chefin war) am nächsten Montag mit einem nigelnagelneuen Porsche auf den Hof ...

Nichtpraktiker werden jetzt die Nase rümpfen und monieren, dass solche Ansprachen so nicht ablaufen. Tut mir Leid – genau so und nicht anders laufen sie ab. Tagtäglich in ganz Europa. Die paar geschniegelten Fremdwörter und Managementvokabeln, die ich hier weggelassen habe, sind geschenkt. Ein intelligenter Arbeitnehmer hat längst gelernt, bei Betriebsversammlungen und auch bei den Fernsehnachrichten die Füllwörter und den ganzen Verschleierungsschnickschnack auszusortieren und auf die Substanz des Gesagten zu hören. Dass Aufrufe der geschilderten Art keine Motivationsschübe zur Folge haben, liegt auf der Hand. Umso mehr, als mindestens die Hälfte aller Mitarbeiter sowieso schon ahnt, was ihnen an Spruchblasen vorgesetzt werden wird, wenn sie zur Betriebsversammlung eingeladen werden. Wer wüsste besser über den Zustand der Firma Bescheid – sei sie auch noch so groß – als die Leute, die in ihr arbeiten? Dem Tag der »Verkündigung der schlechten Zeiten« gingen ja viele kleine und größere Ereignisse und Vorkommnisse voraus:

- War nicht der Werbeassistent Monat für Monat bei seinem Chef, um ihn darauf aufmerksam zu machen, dass der Jahresetat schon jetzt – knapp nach der Jahresmitte – überzogen ist?
  (Antwort des Chefs: »Ich weiß, lassen Sie das nur meine Sorge sein!«)
- Waren die Leute der Ausgangskontrolle nicht x-mal beim Produktionsleiter, um ihn darauf aufmerksam zu machen, dass ein Drittel der Ware das Haus unkontrolliert verlässt, weil nach wie vor nicht genügend Personal vorhanden ist?
  (Antwort des Chefs: »Was soll ich tun, Einstellungsstopp! Aber achtet darauf, dass die Kontrollnummern

trotzdem angebracht werden, die Konkurrenz darf nichts merken!«)

- Waren die Vertriebsleute nicht oft genug bei ihrem Vorgesetzten, um ihn darauf aufmerksam zu machen, dass das Rabattsystem so hoch geworden ist, dass es längst nicht mehr der Kalkulationsbasis entspricht?
(Antwort des Chefs: »Was soll ich tun? Die anderen machen es auch so und zwingen uns mitzuhalten.«)

- Waren die Controller nicht vielfach beim Chef, um ihm zu sagen, dass die Botenfahrten, Briefing-Zeiten und Kopierkosten für Zulieferer- und Außenfirmen die Ersparnisse gegenüber hauseigenen Abteilungen längst übersteigen?
(Antwort des Chefs: »Lassen Sie die Aufstellung da, ich werde mir das gelegentlich ansehen.«)

- War der Planungsleiter nicht mehrmals im Jahr bei seinem Vorgesetzten und bat um frühzeitige Produktdetails, weil er sonst mit unsicheren Daten kalkulieren müsse, die immer wieder zu Verlusten führen?
(Antwort des Chefs: »Ein bisschen zaubern müssen wir alle. Sie kriegen das schon hin.«)

- War nicht der Werbeleiter mehrmals beim Personalchef und bat dringlich um Umwandlung des befristeten Vertrags in eine Festanstellung für seinen besten Texter, weil der Angebote von der Konkurrenz hätte?
(Antwort des Chefs: »Ich werde sehen, was ich tun kann.« Er konnte offenbar nichts tun – der Mann ging weg.)

Die Beispiele ließen sich endlos fortsetzen. Was sie hinterlassen – außer einem schalen Geschmack auf der Zunge oder hellem Zorn im Herzen –, sind nicht nur demotivierte, sondern höchst frustrierte Leute. Aber auch die Erkenntnis, dass der Chef Firmenansprachen der geschilderten Art besser vor seinem eigenen Badezimmerspiegel abhalten sollte als vor den Mitarbeitern.

Eine Firma, der es schlecht geht, hat keine schlechten Mitarbeiter, sondern verheerende Chefs: Denn hat sie wirklich zu wenig qualifizierte Mitarbeiter, hat sie einen verheerenden Personalchef.

Eine europaweite Studie des Time Management Instituts (TMI) hat ergeben, dass nur jeder fünfte Arbeitnehmer auf sein Unternehmen (dessen Teil er ist) stolz ist. Acht von zehn Mitarbeitern wissen nicht, welche Ziele ihr Unternehmen verfolgt. Jeder zehnte Arbeitnehmer ist aktiv auf der Suche nach einem anderen Arbeitsplatz, ohne in seiner Umgebung darüber zu sprechen. Diese Untersuchung basiert auf der Befragung von 60.000 Angestellten in mehr als hundert europäischen Unternehmen.

Wissen Sie, was das konkret heißt? Es heißt im Klartext, dass die meisten europäischen Arbeitnehmer von Montag bis Freitag ungern aufstehen, ihr Frühstück als Henkersmahlzeit empfinden, mit einem Knödel im Hals den Bus, die U-Bahn oder das Auto besteigen, um einem lustlosen und damit stressigen, langen Arbeitstag entgegenzusehen. Den sie mit ähnlich gestimmten Kollegen verbringen, um am Abend mit hängenden Schultern und völlig fertig (Frust strengt ungeheuer an!) nach Hause zurückzukehren.

Meistens vor den Fernseher, aus dem lust- und niveauloses Zeug quakt (das Programm wird ja von derselben Sorte Chefs gemacht, mit der man es selbst den ganzen Tag zu tun hat!).

Dermaßen arme Schweine taugen nur noch als Konsumenten von mittelmäßigen Filmen, mittelmäßigen Fußballspielen, mittelmäßigen Politikerreden, mittelmäßigen Produkten insgesamt, ja auch zu mittelmäßigen Ehen. Sie sind viel zu fertig, um auch nur daran zu denken, irgendetwas davon zu verwirklichen, wovon sie einmal geträumt haben. (Bei genauer Betrachtung könnte man fast glauben, das Ganze hätte Methode. Aber das wäre eine Verschwörungstheorie ... und wozu soll das Ganze gut sein?)

Frustrationen dieser Art beschädigen die seelische wie die körperliche Gesundheit und führen zwangsläufig dazu, dass Menschen sich nicht wohl fühlen. Sie sind zwar vielleicht nicht richtig krank, aber ganz bestimmt auch nicht gesund. In einem solchen Gesamtzustand – quasi zwischen Baum und Borke – ist es schwierig, Engagement und Verantwortung zu entwickeln.

Wenn der Haussegen schief hängt

Entsprechend trist ist das Betriebsklima. Es geht einem oft so, dass man eine Firma nur betritt und sofort das Gefühl hat, über dem Ganzen hänge eine ungute Wolke. Grau bis dunkelgrau in allen Schattierungen. So etwas kommt in den besten Familien gelegentlich vor, aber ein

Zustand, der sogar von einem Fremden sofort gespürt wird, ist bedenklich.

Ist das Fass der schlechten Stimmung so voll, dass selbst die Chefs nicht mehr umhinkönnen, es zur Kenntnis zu nehmen, sind so genannte »Feuerwehrfeste« angesagt. Je nach Firmen- und Chefetagenbauart werden Gruppenseminare oder Betriebsausflüge angesetzt. Beides müssen die Frustrierten – natürlich – selbst organisieren (nach dem Motto: »Fräulein Meier, meine Frau hat Geburtstag, bitte besorgen Sie ein Geschenk. Es darf soundso viel kosten!«).

Besonders beliebte Ideen sind:
- Busreisen in das originellste Wellenbad mit Hawaii-Effekt. (Was wieder denen keine Freude macht, deren Figur nicht danach ist, sich gerne vor Kollegen im Badezeug zu zeigen. Oder die Angst haben, sich Fuß- oder andere Pilzarten einzufangen.)
- Ausflüge zum bekanntesten Biobauern des Landes, der nur glückliche Kühe, Schweine, Ziegen und ebensolches Geflügel in den Ställen hat, mit anschließendem Schmaus im dazugehörigen Landgasthof. (Was wieder die aufregt, die die Tiere, die sie anschließend essen sollen, nicht kennen lernen wollen.)
- Drachenfliegen, Gokartrennen, dreitägiges Überlebenstraining inklusive Würmeressen und ähnlich Exotisch-Abenteuerliches sind schon die ausgefuchsteren Varianten. (Worauf die älteren unter den Mitarbeitern schon jahrelang gewartet haben.)

Wie man sieht, ist der Betriebsausflug nicht wirklich ein Motivationsmittel, weil er nicht die Interessen aller Mitarbeiter trifft und dadurch zumindest bei einigen das Gegenteil des gewünschten Effekts erzielt.

Da ist die Sache mit den Workshops schon geschickter eingefädelt. Wenn man von dem Spruch »Und wer nicht mehr weiterweiß, gründet einen Arbeitskreis« einmal absieht, können solche Veranstaltungen durchaus sinnvolle Ergebnisse zutage fördern und dadurch auch motivierend wirken. Dass sie nur Mittel zum Zweck sind, merkt man allerdings,

- wenn nicht alle Personen eingeladen werden, die zur Klärung eines Problems unerlässlich sind. (Man muss denen, die nicht zu den »Auserwählten« gehören, schlüssig und logisch – aus der Sache heraus – erklären können, warum sie nicht dabei sind. Ist das nicht möglich, stimmen die Auswahlkriterien nicht!)
- wenn die gewünschten Ergebnisse mit dem – sinnvollerweise firmenfremden – Moderator vorher verabredet sind und die Gruppe im Rahmen der Arbeit entsprechend manipuliert wird. (Wenn so etwas gut gemacht wird, werden es nur die Cleversten der Gruppe entdecken. Sie haben zwei Möglichkeiten, damit umzugehen: Die eine ist zu insistieren – und die wahrscheinlich unerfreulichen Konsequenzen, die »Störenfriede« fast immer erwarten, zu tragen. Die andere, die Sache mit zusammengebissenen Zähnen laufen zu lassen und danach zu ertragen, wie gut und wunderbar die Kollegen das alles fanden, weil sie die

Manipulation nicht gemerkt haben. In beiden Fällen sind es die Besten, also die, auf die jede Firma angewiesen ist, die gnadenlos frustriert sind.)

- ☛ wenn die von der Gruppe erarbeiteten Ergebnisse nach Abschluss des Workshops im Firmenalltag nicht einmal ansatzweise umgesetzt werden. (Beliebte Methoden: Die entsprechenden Unterlagen mit der Begründung von Arbeitsüberlastung so lange unprotokolliert herumliegen lassen, bis wichtige Details von den Beteiligten fast vergessen wurden, so dass man ihnen bei einem möglichen Protest einreden kann, sie hätten da etwas verwechselt oder fehlinterpretiert.
Das Dauerargument, die Geschäftsleitung müsse prüfen, wie die Voraussetzungen für das Erarbeitete/Beschlossene zu schaffen seien. Leider findet sich dann lange, lange Zeit kein Termin für eine solche Chefsitzung. Wahrscheinlich, weil immer einer bei einem Workshop weilt.)

Wenn es so oder so ähnlich läuft, dienen auch diese Istzustandsanalysen nicht der Motivation von Mitarbeitern. So wie jede Art und Weise, die man durchschaut, keine wirklich gute Motivationsmethode ist. Der Betroffene ist immer verstimmt, weil man ihm ja damit sagt, dass er nicht genügend leistet, nicht gut genug ist. Sonst müsste man ja gar nicht erst versuchen, ihm auf die Sprünge zu helfen. Motivation geht ganz anders.

Der, den man motivieren will, kann das nur selbst, aus sich heraus tun. Klingt paradox, ist es aber nicht.

Nehmen wir an, in einer Abteilung befindet sich ein Mitarbeiter, der ein ganz besonderes Talent am Grafikcomputer entwickelt hat. Ein kluger Chef wird ihm dafür nicht nur hörbar Anerkennung und Bewunderung zollen, er wird ihn anregen, allen anderen im Rahmen von normalen Arbeitsabläufen zu zeigen, worin sein spezieller Trick besteht. So wird ein Spezialist gemacht – und alle anderen haben auch etwas davon, indem sie dazulernen. Und mehr zu können, spornt jeden an, macht selbstbewusst – und Selbstbewusstsein macht fröhlich.

Wenn alle Schwierigkeiten mit komplizierten Reisekostenabrechnungen haben, aber eine Kollegin geht damit spielend um, und das womöglich noch in affenartiger Geschwindigkeit, muss man das als Chef registrieren, herausheben und fragen, worauf diese besondere Fähigkeit beruht. Man gebe eine Runde Kuchen aus, entlasse die Truppe für eine gewisse Zeit aus dem Tagesgeschäft, damit sie sich um die Könnerin versammelt und von ihr erfährt, warum und wie sie der komplizierten, langweiligen Sache Tempo abgewinnen kann. Den Zeitpunkt für diese Kuchenrunde überlässt man den Leuten selbst.

Ein guter Chef ist nicht in erster Linie dazu da, um zu registrieren, was seine Leute falsch machen und nicht können, sondern zu bemerken, worin sie besonders gut sind. Auf diese Weise lassen sich im Miteinander Stärken stärken und Schwächen schwächen. Leute, die wissen, dass ihr Chef sie für gut hält (zumindest partiell), werden mit viel mehr Freude arbeiten, es wird ihnen immer mehr gelingen als anderen Gruppen. Das sorgt bei allen Beteiligten für ein gutes Gefühl, versetzt sie in die Lage, Langweiliges schneller vom Tisch zu schaffen und den Kopf für Innovatives (also Spannendes) freizubekommen. Solche Gruppen haben innerhalb des Firmengefüges überdies den Vorteil, dass sie anregend und ansteckend wirken. Es ist eine Binsenweisheit: Nichts ist so erfolgreich wie der Erfolg.

Vom betörenden Duft des Geldes

Nun ist es ja nicht so, dass Manager das alles im Prinzip nicht wüssten. Während sie keine Probleme damit haben, Abteilungen oder ganze Firmenteile zusammenzuschließen, zu verkleinern, umzustrukturieren oder Leute zu entlassen, beschwören sie auf der anderen Seite geradezu gebetsmühlenartig die Bedeutung der Mitarbeiteridentifikation für ihr Unternehmen.

Aber wie soll das gehen, bei der Egozentrik, die Vorgesetzte heute fast durchgängig an den Tag legen? Es käme sonst nicht zu solchen Ergebnissen, wie eingangs dieses Kapitels erwähnt: Nur 20 Prozent einer befragten Gruppe von 60.000 Leuten sind stolz auf die eigene Firma! Bei derselben Befragung stellte sich heraus, dass lediglich acht von zehn Mitarbeitern die Ziele ihrer Firma kennen. Wie soll man sich für etwas einsetzen, wenn man nicht weiß, was dieses »Etwas« ist, das ja wohl über das Tagesgeschäft hinausreicht?

Das ganze Getöse um modernes Management, die bemühten und doch ergebnislosen Debatten um das Für und Wider von Hierarchien, Mitbestimmung, krawattenlosem Führungsverhalten und anderen gespielten Lockerheiten gipfeln in einer ganz altmodischen Wahrheit:

Chefs bilden eine Clique, sind immer noch Teil einer höheren Kaste, leben in ihrem eigenen Dunstkreis und scheren sich in Wahrheit einen Teufel darum, wie es außerhalb der Chefetage aussieht.

Ganz konkret: Der Häuptling, mit allen Insignien der Macht und auch der entsprechenden Entlohnung ausgestattet, bildet zusammen mit seinen Unterhäuptlingen (mit entsprechend weniger Macht und Geld gesegnet) die Geschäftsleitung. Je nach Organisation wird einmal oder mehrmals die Woche zum Tamtam gerufen und die Lage des Stammes besprochen, und Beschlüsse werden gefasst, wie man sie verbessern könnte. Anschließend gehen die Federgeschmückten ihrer Wege und wissen untereinander Bescheid. Meistens vergessen die Unterhäuptlinge jedoch, den Indianern mitzuteilen, worüber sie gesprochen haben. Woher dieses rücksichtslose und das Gemeinwohl schädigende Verhalten kommt? Alle diese Oberen haben die Dinge, die ihnen wirklich wichtig sind, geregelt. Ihre Rangordnungen sind klar, und auch, was dieser Rang wert ist. Damit ist ihre Welt in Ordnung – kein Chaos weit und breit, keine Unruhe, und auch der Neid hält sich in Grenzen, weil die Claims abgesteckt sind. Man weiß von den Einkommens- und Einflussverhältnissen der Clubmitglieder, hat man sie doch gemeinsam bestimmt. Dass da noch irgendwo Indianer sind, ist in diesen Kreisen nicht von Bedeutung.

Dringt nun von den unteren Kasten Volksgemurmel, Gemaule oder gar Protestgeschrei ans Ohr derer, die durch die Friedenspfeife vereint sind, schließen sie sofort und als Erstes daraus, die da unten wollen Geld. Was denn sonst? Wenn nicht Geld, dann die Aufnahme in den Club – was aber auf dasselbe, nämlich wieder auf Geld hinausläuft. Auf die Idee, dass Leute gerne Bescheid wüssten, wo die Reise ihrer Firma oder ihrer Abteilung denn hingehen soll, kommt man in Clubkreisen so gut wie nie.

Das ist der Grund, weshalb viele Chefs – von sich auf andere schließend – Geld für das wichtigste Motivationsmittel halten. Das ist falsch, grundfalsch. (Wobei ich bei dieser Behauptung davon ausgehe, dass *jeder* Mensch gerne so viel Geld wie möglich verdient und dass er – zumindest innerhalb des firmeneigenen Lohn- oder Gehaltsgefüges – »gerecht« dafür entlohnt werden will, wenn er das Einzige, das er »verkaufen« kann, nämlich seine Arbeitskraft, in den Dienst seiner Firma stellt!)

Die Sozialpsychologie kennt zwei Methoden der Motivation:
☛ Die extrinsische Motivation: Sie kommt von außen, ist eine festgelegte Belohnung und beruht letztendlich auf Geld. Das ist der Versuch, mit Geld oder Positionen zu bestechen, um nicht aktiv werden zu müssen. Diese Chefs entsprechen Eltern, die ihre Kinder vor dem Fernseher (= Geld) parken, um sie ruhig zu stellen. Bequem, geistlos, falsch.

- Die intrinsische Methode hingegen beruht auf »erlebter Kompetenz«, d. h. auf Kommunikation, Offenheit, Vertrauen; auf allen Mitteln also, die einen Menschen in die Lage versetzen, aus sich heraus optimal zu agieren, um eine Aufgabe erfolgreich zu lösen. Das ist für Chefs unbequem, weil es Aufmerksamkeit, Ideen, Kreativität, ernsthafte Zuwendung und damit Zeit und Kraft kostet, die sie investieren müssen.

Jüngste Untersuchungen haben ergeben, dass die intrinsische Methode das materielle System dermaßen hoch schlägt, dass es geradezu als dramatisch zu bezeichnen ist. Dramatisch deshalb, weil das in den meisten Chefetagen offenbar unbekannt ist.

Was mit der Geldmethode (als Hauptmotivationsannahme) angerichtet werden kann, ist Eltern als »Spillover-Effekt« bekannt: Wenn Kinder für jede Tätigkeit im Haushalt, die eigentlich in einer Familiengemeinschaft selbstverständlich ist, eine Belohnung erhalten, werden sie bald keinen Handschlag mehr freiwillig tun. 50 Cent fürs Tischabräumen, 1 Euro fürs Mülleimerruntertragen, 2 Euro fürs Abspülen, 3 Euro fürs Zimmeraufräumen – das ist eine Art von Bestechung, die jedem kleinen Menschen die Chance nimmt, Sinn für Verantwortung und Gemeinschaft zu entwickeln. Und in diesem Fall sogar das ganz wichtige Gefühl und die Freude daran, etwas Unangenehmes (wer tut das alles als Kind schon gern!) tapfer und diszipliniert hinter sich gebracht zu haben (Maulen und Stöhnen eingeschlossen!).

Im Berufsleben ist die Annahme, man könne Mitarbeiter nur mit Geld und anderen materiellen Mitteln motivieren, in mehrfacher Hinsicht problematisch:

- Der Chef macht deutlich, dass er die Firmenziele selbst für dermaßen unattraktiv hält, dass es für seine(n) Mitarbeiter außer Prämien und Vergünstigungen keinen anderen Grund geben kann, engagiert zu arbeiten.
- Der Chef signalisiert, dass er in jeder Phase kontrollieren will, wie es zu Ergebnissen kommt (wir erinnern uns mit Grausen an die Mathematikstunden in der Schule!), denn genau das ist ja das Wesen und Ziel von Prämien und Boni.
- Der Chef schätzt die Persönlichkeit und den Charakter seiner Untergebenen von vornherein als manipulier- und steuerbar ein, weil er ihnen das Wichtigste und Wertvollste aberkennt: die Möglichkeit, Freude am Sinn ihrer Tätigkeit zu empfinden. Was aber ein Grundbedürfnis *jedes* Menschen ist, gleich welchen Alters.

Warum Geld wichtig, aber nicht alles ist

Beim flüchtigen Lesen könnte jetzt der Eindruck entstanden sein, die Lohn- und Gehaltsabrechnung sei das Unwichtigste an der Berufstätigkeit. Das wäre – wie schon gesagt – ein Missverständnis. Man sollte doch in der Nach-Nachära des Manchester-Kapitalismus davon ausgehen können, dass in diesen Basisfragen eine gewisse »Gerechtigkeit« herrscht. (Obwohl derzeit in den Chef- und Politiketagen Ansichten zu dem Thema vorherrschen, die in ihrem Zynismus und ihrer Doppelmoral geradezu widerwärtig sind.) Es gibt aber immens viele Gründe, warum ein falsches Spiel in Bezug auf Geld zur absoluten Demotivation führt:

Eine junge Sachbearbeiterin etwa, im positiven Sinne ehrgeizig und engagiert, wechselt innerhalb ihrer Firma die Abteilung, weil sie von ihrem Vorgesetzten zwar ständig Mehrarbeit aufgebrummt, dafür aber weder Lob noch Anerkennung und schon gar keine Gehaltserhöhung bekam. Dieselbe Stelle mit denselben Anforderungen wurde sofort nach ihrem Weggang mit zwei Personen besetzt. Das war eine Art von Kränkung und Demotivation, die auch in der neuen Abteilung zunächst zu einer Lähmung führte. Und für die junge Frau sofort die Frage aufwarf, ob sie nicht schon wieder ausgenutzt und unangemessen bezahlt würde. Sie spricht nicht gut über ihre Firma und hat innerlich eigentlich gekündigt. Ihr neuer Abteilungsleiter ist enttäuscht, weil er sich mehr von ihr versprochen hat.

An diesem miesen Spiel, das die Firma um eine gute, kreative Arbeitskraft bringt und einem Menschen täglich das Leben schwer macht, sind gleich zwei Chefs beteiligt, die diesen Namen und ihre Position nicht verdienen: ein Abteilungsleiter, der seine Leute gnadenlos ausnutzt, und ein Personalchef, der ihm das durchgehen lässt.

Der neue Vorgesetzte könnte die Sache noch retten, wenn er das Gespräch mit der Betroffenen sucht und die Hintergründe aufklärt. (Was er wahrscheinlich nicht tut, weil eine Krähe dem anderen Chef kein Auge aushackt.)

Ein anderes Beispiel: Eine langjährige Mitarbeiterin macht sich zu Recht Hoffnungen, stellvertretende Abteilungsleiterin zu werden, weil sie diese Position de facto schon seit Jahren – arbeitstechnisch gesehen – erfüllt.

Die Geschäftsleitung beschließt jedoch -- Gott allein weiß, warum –, einen jungen Hochschulabsolventen (kurz durch die Konzernzentrale geschleust) mit dieser Position zu betrauen. Der Abteilungsleiter ist zu feige, sich dagegen zu wehren, besteht aber darauf, dass der junge, völlig praxisunerfahrene Mann vorher wenigstens drei Monate in der Abteilung praktiziert. (Natürlich unter der Anleitung der Mitarbeiterin, deren Aufstieg der Anzulernende verhindert!)

Schon am zweiten Tag dieses merkwürdigen Praktikums muss für eine dringende Verkaufsaktion telefonisch eine Kundenliste mit Namen, Telefon- und Faxnummern erstellt werden. Diese Aufgabe wird dem hoffnungsvollen Neuling übertragen, der die Liste auch pünktlich, zum Ende des Arbeitstages, abliefert. (Mit leicht arrogantangewiderter Miene, denn für solchen Pipifax hat er ja schließlich nicht studiert.)

Die Nicht-Chefin nimmt die Liste entgegen, wirft aber noch einen Blick darauf, bevor sie sie an den Telefonverkauf weitergibt, der am nächsten Morgen sofort um 9.00 Uhr damit arbeiten soll. Und stellt fest, dass sich auf der gesamten Telefonliste keine einzige Vorwahl befindet!

Es ist inzwischen 18.30 Uhr, und sie hat zwei Möglichkeiten: Die Liste kommentarlos dem Vorgesetzten hinzulegen – er ist ja schließlich für den reibungslosen Ablauf der Abteilung verantwortlich (und auch dafür, dass das junge Genie hier künftig die zweite Geige spielt!) – oder sich hinzusetzen, zwei Arbeitsstunden dranzuhängen und die Vorwahlen nachzutragen.

Ich überlasse es Ihnen, zu entscheiden, was Sie in dieser Situation tun würden. Aber ganz egal, wofür die Mitarbeiterin (und auch Sie) sich entscheiden – beides ist nicht gut:
Im einen Fall hat ein anständiger Mensch das Gefühl, einen anderen zu verpetzen und ins Messer laufen zu lassen; außerdem ist der Kerl jung und hat keine Erfahrung (obwohl andererseits jeder Mensch – ob studiert oder nicht – weiß, dass eine Telefonnummer ohne Vorwahl nutzlos ist!); andererseits hat er seinen Unwillen über diese »niedrige« Arbeit so deutlich gezeigt, dass er sich auf jeden Fall als Schnösel entlarvt hat. Nun ist natürlich auch noch zu bedenken, dass künftig mit ihm zusammengearbeitet werden muss – und das wird unter Garantie unerfreulicher (als ohnehin schon) werden, wenn man ihn jetzt »hin-

hängt«; und zu guter Letzt: Was können die Kollegen dafür, die auf diese Liste angewiesen sind, wenn sie am nächsten Tag die ihnen gestellte Aufgabe erfüllen wollen und müssen ...

Den Ärger haben alle Kollegen, den Schaden auf jeden Fall die Firma.

Warum ich dieses Beispiel unter dem Stichwort »Geld« erzähle? Weil ein Mitarbeiter, dem so viel »Gutes« widerfährt, sich natürlich wie ein Trottel vorkommt und automatisch auf die Frage zurückgeworfen wird: Wie viel verdiene ich hier eigentlich? Sitze da im Büro, mache unbezahlte Überstunden und die Arbeit für einen, der mir meine längst fällige Beförderung und damit meine ebenfalls längst fällige Gehaltserhöhung weggenommen hat. Bin ich noch zu retten?

Ein letztes Beispiel, allen Personalchefs vor allem größerer Firmen ins Stammbuch geschrieben:

In jedem Unternehmen gibt es heutzutage Hickhack wegen des Abbaus der Jahresurlaub-Resttage. (Verrückt genug, da sich Ansammlungen von Urlaubstagen nur in Abteilungen bilden, die entweder schlampig geführt werden – Chefproblem! – oder die unterbesetzt sind – Chefproblem, aber mehr noch Personalchef- und Geschäftsleitungsproblem!)

Ein Abteilungsleiter bittet zum x-ten Mal um zwei Urlaubsabbau-Ausnahmen, da sein chronisch unterbesetztes Team (vergleichbare Konkurrenzfirmen sind an der Stelle fast doppelt so stark besetzt) genau in dieser Zeit, wenn die Fristen für alten Urlaub ablaufen, am meisten

Arbeitsanfall hat. Der Personalchef lehnt mit der Begründung »Gleichheit für alle!« ab, der Abteilungsleiter insistiert – in Abstimmung mit seinen Leuten.

Bei einer Zusammenkunft mit dem Personalchef versuchen der Abteilungsleiter und sein Stellvertreter anhand von Fakten zu erklären, weshalb hier – zum Wohl der Firma – eine Ausnahme angebracht wäre und wie sehr eine gegenteilige Entscheidung das notwendige Zusammenspiel zwischen den Abteilungen störe, bis hin zu messbaren Umsatzverlusten.

Der Personalchef fegt alle Argumente schon im Vorfeld vom Tisch, will sie gar nicht hören, mit der Begründung: »Wie ihr arbeitet und was ihr arbeitet, interessiert mich nicht, auch nicht, warum. Mich interessiert nur, dass der Urlaub zum Stichtag abgebaut ist! Wenn nicht, wird er ersatzlos gestrichen!«

So denken Chefs, die nach einer Strichliste arbeiten. Die nicht in der Lage sind, über ihren Tellerrand hinauszudenken. Es interessiert sie nicht, *was* getan wird, auch nicht, *warum*, sondern nur, *dass* irgendetwas getan wird – und zwar das, was auf einer bescheuerten Liste steht, die niemanden interessiert.

WOLLEN SIE HAMMER ODER AMBOSS SEIN?

Wer seinen Chef für ein Arschloch hält, muss dreierlei wissen bzw. tun:

- ☛ **Erstens klären, ob er nicht zum Fehlverhalten des Chefs – wissentlich oder auch unwissentlich – beiträgt.**
- ☛ **Zweitens, wenn die eigene Unschuld aufgrund ehrlicher Selbst- und Fremdbefragung erwiesen scheint, durch Aktivitäten dafür sorgen, dass der Chef sein Verhalten ändert.**
- ☛ **Drittens muss jeder schließlich sicher sein, dass er nicht selbst ein Arschloch ist.**

Ehrlichkeit ist der erste Schritt

Sie haben nach diesem Buch mit seinem drastischen Titel gegriffen, weil Sie offenbar ein Problem mit Ihrem Vorgesetzten haben. Wenn Sie dieses Problem lösen wollen, müssen Sie sich zunächst ein paar Fragen stellen – und sie ehrlich vor sich selbst beantworten.

- ☛ Ist es der erste Chef, mit dem Sie nicht zurechtkommen, oder haben Sie ein generelles Problem mit Autorität und Unterordnung?

- Resultiert Ihr Konflikt aus der sachlichen Arbeit oder ist es ein »chemisches« Problem, d. h. können Sie Ihren Chef einfach nicht »riechen« (oder umgekehrt)?
- Können Sie Ihren Chef nicht leiden, weil er Ihr Chef ist und Sie seinen Job haben wollen? Und wenn dem so ist, sind Sie der Überzeugung, dass Sie die Funktion Ihres Chefs besser erfüllen würden – zum Wohl der Firma und der Kollegen?
- Wenn Sie der bessere Chef wären, welche Umstände führen Ihrer Meinung nach dazu, dass das in der Firma noch niemand erkannt hat?
- Ist der Konflikt mit Ihrem Chef ein offener, also ein für jedermann in der Firma sichtbares, schlechtes Verhältnis? Oder wissen nur Ihr Chef und Sie davon? Oder weiß auch Ihr Chef nicht, dass Sie etwas gegen ihn haben?
- Mit wem haben Sie bisher über Ihr Problem gesprochen? Nur mit Familienmitgliedern und Freunden? Mit Kollegen? Falls nicht mit Ihrem Chef – gegen den sich Ihr Ärger ja schließlich richtet –, warum nicht?

Eine Menge Fragen und sicherlich bei weitem nicht alle, die gestellt werden könnten oder gar müssten, um Ihrem subjektiven Ärger objektiv auf den Grund gehen zu können. Wenn Sie das überhaupt wollen. Es könnte ja auch sein, dass Sie sich einfach aus Prinzip über alles und jeden ärgern (wollen), der in irgendeiner Weise in der Firma (oder auf der Welt) mehr zu sagen hat als Sie. Dann haben

Sie dieses Buch zu Ihrem persönlichen Vergnügen gekauft, ohne eine weitere Absicht damit zu verfolgen und ohne Anregung zur Selbsthilfe zu erwarten. Auch in diesem Fall danken Verlag und Autorin herzlich für den Erwerb. Und warnen Sie zugleich – es könnte sein, dass Ihnen die nächsten Passagen nicht so viel Freude bereiten.

Wissen Sie, was Sie wollen?

Die Klärung dieser Fragen ist der Anfang (oder das Ende) jeder Debatte um berufliches Wohlbefinden oder gar Glück. Gehen Sie nur zur Arbeit, weil Sie müssen? Beißen Sie bei Ihrer Berufstätigkeit die Zähne zusammen, reißen Ihren Arbeitstag also quasi pflichtgemäß herunter wie ein Kalenderblatt, um am Abend, an den Wochenenden und im Urlaub leben zu können?

Zugegeben, das ist etwas drastisch formuliert, aber diese Einstellung zum täglichen Broterwerb gibt es. Und sie ist eine, die gar nicht so wenige Menschen frühzeitig freiwillig treffen. Damit sind natürlich nicht diejenigen gemeint, die aufgrund von geringer Qualifikation wenig Chancen haben, allzu große Freude an ihrer Tätigkeit zu entwickeln. Kein vernünftiger Mensch wird von einem Müllfahrer erwarten, dass er seinen Job als »Unser Dorf muss schöner werden«-Aktion betrachtet, dass er in seiner (wichtigen) Arbeit Sinn und Erfüllung findet. Es sind vielmehr die gemeint, die noch im fortgeschrittenen Alter mit dem Schicksal hadern, weil sie nicht als Söhne oder Töchter reicher Eltern geboren wurden, jedem Pyramiden- oder Kettenbriefspiel aufsitzen, in der Hoffnung, ohne Arbeit zu Geld zu kommen, und jene, die über all jene staunen, die glaubhaft versichern, dass ihnen ihre Arbeit – ob sie nun Chef sind oder nicht – (zumindest gelegentlich) auch Spaß macht.

Wer auf diese Weise freiwillig die Hälfte seiner jungen und mittleren Jahre zur lästigen Pflicht erklärt und gar nicht erst versucht, dem (Berufs-)Alltag Freuden abzugewinnen, ist schon auf jeden Fall ein Verlierer. Alle Menschen, die nicht neugierig sind, sind Verlierer.

Man muss sich entscheiden, ob man im Leben Hammer oder Amboss sein will, hat Goethe einmal gesagt. Wer von seiner Arbeit nichts Besseres erwartet als seine Gehaltsüberweisung zu jedem Ersten, hat sich schon im Voraus zum Amboss gemacht. Auf ihn wird der tägliche Hammer der Routine unerbittlich herabsausen.

Falls Sie Distanzierung oder gar Missbilligung aus der Beschreibung einer solchen Lebenseinstellung herausgehört haben sollten, liegen Sie vollkommen richtig. Mir ist eine solche Haltung ziemlich fremd, wohl deshalb, weil ich glaube, dass wir während unserer kurzen Lebenszeit so viel Freude haben sollten wie nur möglich. Und das nicht nur am Wochenende und im Urlaub.

Andererseits gibt es in unserer »Spaßgesellschaft« genügend Leute, die nach oben drängen, um »Hammer« (= Chef) zu sein, so dass es vielleicht ganz gut ist, wenn andere die Ambossrolle freiwillig übernehmen.

Wer sich also entschieden hat, das Leben nicht nur schwarzweiß zu sehen und in lästigen Mühen und Plagen (= Arbeit) und in Spiel und Spaß (= Freizeit) einzuteilen, muss nur noch entscheiden, ob er im Berufsleben Entscheidungen treffen und Verantwortung tragen will oder ob er lediglich ausführen will, was andere sich ausgedacht haben. Keines von beidem ist ehrenrührig. Es geht schlicht und einfach um die Frage: Strebt man eine (wie auch immer geartete) Karriere an oder nicht?

Karriere – warum?

Wer sich dafür entschieden hat, Karriere zu machen, hat sich gleichzeitig dafür entschieden, ein Chef werden zu wollen. Entscheidend dafür, was daraus wird, sind die Gründe. Es gibt dafür gute, aber es gibt auch bessere.

Gute Gründe für den Wunsch, Karriere zu machen, sind Geld, Prestige- und Machtzuwachs, die mit einer führenden Position (meistens) verbunden sind. Wenn das allerdings alles ist – und leider ist dies nur allzu oft die wichtigste Antriebsfeder für Ehrgeiz (schon das Wort »Ehrgeiz« sollte man für sich mal drehen und wenden, um es genauer auf seinen Wortsinn zu untersuchen!) –, dann bergen diese Ziele schon eine gewisse Problematik in sich.

So wie es eine traditionelle Übereinkunft zwischen den Menschen gibt, dass »Eigentum verpflichtet«, so sollte auch klar sein, dass eine bessere Position ihrem Inhaber nicht nur Rechte zuerkennt, sondern auch Verantwortung abverlangt. Nicht nur dem eigenen Wohl verpflichtet, sondern auch dem gegenüber, in dessen Auftrag man agiert, aber im selben Ausmaß auch den Menschen gegenüber, die einem unterstellt sind und ohne die man gar kein Chef wäre. (Nichts ist lächerlicher als ein König ohne Königreich oder ein Abteilungsleiter, dessen Abteilung aus einer einzigen Person, nämlich aus sich selbst, besteht ...)

Das alles ist heute nicht mehr ganz so klar (selbst wenn es im Grundgesetz steht). Vielen, die zur Spitze streben, und auch vielen, die sie bereits erklommen haben, ist diese Regel unterwegs entfallen. Wer aber allein nach seinem egozentrischen Muster agiert, hat gute Chancen, als Chef ein Superarschloch zu sein. Egotrips von Vorgesetzten sind so ziemlich das Verheerendste, was man als Untergebener zu erdulden hat.

Ein wirklich guter (und auf Dauer erfolgreicher) Chef kann nur werden, wer Geld, Ansehen und Einfluss als selbstverständliche Nebenprodukte seiner Karriereziele voraussetzt. Ihm ist die Freude am Gestalten wichtig, das gute Gefühl, Menschen zusammenzubringen, die ein gemeinsames Ziel verfolgen und unter seiner Führung erreichen. Er weiß, dass er zwar manipulieren kann, mit Motivation aber weiter kommt. Der Wunsch, Karriere zu machen, sollte immer auch vom Wunsch beflügelt sein, zumindest ein kleines Stück der Welt bewegen zu können, und zwar zur Freude und Genugtuung nicht nur der Beteiligten, sondern auch der Unbeteiligten. (Wenn vielleicht auch nicht gerade der Konkurrenz.)

Falls sich das in Ihren Augen allzu idealistisch liest, dann sei dies ergänzt: Hier ist nicht von einem Gutmenschen die Rede, der kurz davor ist, einen Heiligenschein verpasst zu bekommen. Jeder Chef muss unpopuläre und unangenehme Entscheidungen treffen und treffen können. Und auch jeder Vorgesetzte macht Fehler und muss sie auch machen dürfen, sonst wäre er kein Mensch. Die gute, verantwortungsbewusste Führungskraft steht dazu, legt ihre Gründe auf nachvollziehbare Weise offen und bekennt sich zu Fehlleistungen. Der egozentrische Chefdarsteller schert sich entweder keinen Deut darum oder ist in Krisensituationen ständig damit beschäftigt, Probleme kleinzureden oder vor ihnen wegzulaufen oder sie zu verschleiern. Das geht auf Kosten der Firma und ihrer Mitarbeiter.

Warum man denken soll, bevor man handelt

Vielleicht erscheint Ihnen die Frage nach dem Hammer-oder-Amboss-Dasein und damit danach, was Sie wirklich wollen, zu schwierig. Schließlich möchte man gerne – je nachdem, wie man sich gerade fühlt – beides haben. Öfter bestimmen, was Konzentration und Anspannung bedeutet, gelegentlich loslassen, unbesorgt sein und entschiedener werden. Dummerweise ist es jedoch so, dass man ein Stück Kuchen nicht gleichzeitig essen und behalten kann. Irgendwann im Leben (besser früher als später) wird man sich entscheiden müssen.

Schwierigkeiten mit dem Chef (wenn man selbst keiner ist) deuten darauf hin, dass es Zeit ist, diese Entscheidung zu treffen.

Dabei hilft die Beantwortung der eingangs dieses Kapitels gestellten Fragen.

Sind Sie ein Rebell?

Wenn Sie schon immer Schwierigkeiten hatten, sich anzupassen und Autoritäten fraglos anzuerkennen, hat sich die Hammer-Amboss-Frage schon so gut wie erledigt. Sie wollen selbst bestimmen und nicht von anderen bestimmt werden; damit hat Ihnen Ihr Wesen wahrscheinlich ein schweres Los beschieden, weil Unangepasstheit noch nie gerne gesehen wurde. Weder von Eltern noch von Lehrern und genauso wenig in einem Unternehmen.

Aber die gute Nachricht folgt auf dem Fuß: Noch nie war es für die Wirtschaft so wichtig wie heute, selbstständig denkende, eigenwillige Mitarbeiter zu haben. Täglich werden wir darüber informiert, in welch außergewöhnlichen Umbruchzeiten wir leben und dass wir das Positive und Spannende daran nicht nur erkennen, sondern sogar genießen sollen.

Wenn das stimmt (es stimmt!), dann werden künftig tatsächlich mehr Querdenker, Eigensinnige und Kreative gebraucht und weniger von denen, die angstvoll schweigen, wenn kritisches Nachfragen angebracht wäre. Das

Hände-an-die-Hosennaht-Legen macht sich gut bei Militärparaden, hat aber noch nie eine Firmenbilanz auf Vordermann gebracht. Jemandem wie Ihnen wird also die Zukunft gehören. Vorausgesetzt, Sie finden die richtigen Mittel und Wege, Ihr Rebellentum an den Bremsern, Hierarchieverliebten und anderen Konservativen Ihrer Firma vorbeizuschleusen.

Wenn Ihnen das gelingt, ohne dass Ihr angeborenes, inneres Aufbegehren dabei gebrochen wird, und wenn Sie es schaffen, auf dieser Gratwanderung nicht zum menschenverachtenden Egomanen zu verkommen, können Sie eine große Karriere machen und ein guter Chef werden. Vielleicht ist Ihr jetziger Chef nur dazu da, damit Sie genau das an und mit ihm lernen?

Können Sie Ihren Chef nicht »riechen«?

Wenn Sie Ihren Chef nicht »riechen« können, also die Chemie zwischen Ihnen nicht stimmt, wird es wohl wenig Sinn haben, an diesem Verhältnis herumdoktern zu wollen. So wie man einen Partner, an dem einem so gut wie alles missfällt, wohl kaum heiratet, so sollte man ein Arbeitsverhältnis dieser verkorksten Art nicht aufrechterhalten. Sollte es sich andersherum verhalten, sollten Sie also lediglich annehmen, dass Ihr Chef Sie nicht »riechen« kann, wäre es vielleicht gut, diese Vermutung einer näheren Prüfung zu unterziehen.

Vielleicht bringt es Sie schon ein bisschen weiter, wenn Sie noch einmal die Kapitel über die Angsttypen (in Bezug auf sich und bezogen auf Ihren Chef) lesen?

Zu bedenken gebe ich auch, dass wir an anderen oft ablehnen, was wir an uns selbst nicht sehen wollen und deshalb per Übertragung nach außen (eben auf das Gegenüber) projizieren. Sich mit einer solchen Möglichkeit zu beschäftigen, ist keinesfalls vergeudete Zeit – egal, welches Ergebnis Sie zutage fördern –, weil es ohnedies nichts Spannenderes gibt, als sich selbst besser kennen zu lernen.

Sollten Sie zu keinem eindeutigen Ergebnis kommen, bleibt Ihnen immer noch die altbewährte Methode der Checkliste. Schreiben Sie untereinander alle Indizien und Vorkommnisse auf, die Sie zu der Überzeugung gebracht haben, dass Ihr Chef Sie nicht leiden kann. Lassen Sie sich Zeit dafür (und lassen Sie diese Liste vor allem nicht im Büro herumliegen, dort hat sie aus nahe liegenden Gründen nichts zu suchen) und legen Sie sie nach Fertigstellung für ein, zwei Wochen weg, beschäftigen Sie sich nicht mehr damit. Wenn Sie Ihre Indizienkette nach dieser »Ablagerungszeit« wieder zur Hand nehmen und lesen, werden Ihnen wahrscheinlich auf Anhieb mehrere Punkte seltsam schwach, vielleicht sogar lächerlich vorkommen. Diese können Sie streichen. Bleiben also die für Sie gravierenden Zeichen für Ihre Vermutung übrig. Die sollten Sie im Auge behalten. Kommen sie weiterhin vor? Oder sind es immer neue Ärgernisse?

Der Zweck von Checklisten dieser Art ist ein offenes Geheimnis: Sie sind eine Art »Selbstläufer«, d. h. die

Beschäftigung mit dem vermeintlichen Problem dient bereits seiner Beseitigung. Vorausgesetzt, es ist nicht wirklich eines. Aber das bekommt man auf diese Weise schnell heraus. Bleibt Ihr ungutes Gefühl nach soviel ernsthafter Analysearbeit bestehen, haben Sie noch eine letzte Möglichkeit. Nämlich die, um die Sie sich schon seit Entstehen des ganzen in sich hineingefressenen Ärgers herumdrücken: das Gespräch mit dem unter Verdacht stehenden Chef. (Wobei nicht unbedingt zu empfehlen ist, es mit dem Satz »Warum können Sie mich eigentlich nicht leiden?« zu beginnen. Das könnte zur selbsterfüllenden Prophezeiung werden ...)

So etwas nennt man ein klärendes Gespräch. Und viel öfter, als man vermuten möchte, geht es aus wie ein Sommergewitter. Die Luft ist danach wohltuend rein. Und es riecht wieder gut.

(Und übrigens: Wenn Sie auf diese Weise die Initiative ergreifen, legen Sie echtes »Hammer«-Verhalten an den Tag. Auf jeden Fall mehr als Ihr Chef, der dieses Gespräch längst selbst hätte initiieren müssen, da ihm nicht entgangen sein kann, dass zwischen Ihnen etwas nicht gestimmt hat.)

Sind Sie besser als Ihr Chef?

Wenn es so ist und Sie es sich nicht nur einbilden, dann haben Sie eine interessante Aufgabe vor sich. (Vorausgesetzt, Ihr Chef ist nicht der Inhaber der Firma. Aber selbst da gäbe es unter Umständen interessante Möglichkeiten ... Romanschriftsteller haben sich dieses Themas zu allen Zeiten gerne angenommen und sich Unmengen von Hochzeiten mit Unternehmerkindern ausgedacht. Heute funktioniert das nicht mehr so gut, weil die geldbewussten Väter auf Gütertrennung bestehen ...) Vorausgesetzt, Ihr Chef weiß, dass Sie besser sind als er, bleiben ihm zwei Möglichkeiten: Er kann Sie bekämpfen oder er kann Sie fördern. Unter »Förderung« kann beispielsweise die Variante des »Weglobens« fallen, die Ihnen immerhin die Chefposition in einer anderen Abteilung oder in einer befreundeten Konkurrenzfirma einbringen könnte. Dafür wird sich ein kluger und menschlich anständiger Chef entscheiden. Denn dass er freiwillig weicht, wäre zu viel verlangt, oder?

Wenn es einen Kampf zwischen Ihnen gibt und dieser Kampf von Ihrem Chef ausgeht (weil er sich bzw. seine Position durch Sie bedroht sieht), sollten Sie sich keinesfalls darauf verlassen, dass Sie in der Sache der Bessere sind und deshalb automatisch gewinnen werden. Können zählt (leider), wenn es hart auf hart geht, am allerwenigsten.

Haben Sie den wunderbaren Filmklassiker *Cincinnati Kid* mit Steve McQueen in der Hauptrolle gesehen? Er hat wie nie mehr ein anderer Pokerfilm gezeigt, dass es nicht darauf ankommt, *tatsächlich* die besten Spielkarten in der

Hand zu haben, sondern darauf, *dass* und *wie* man das seinem Gegner suggeriert. Wenn Sie nicht das geborene Pokerface oder ein höchst talentierter »Königsmörder« und dazu ein in der Wolle gefärbter Intrigant sind, dürfen Sie sich auf eine Büroschlacht größeren Ausmaßes einstellen. Und sollten dabei nicht vergessen, dass die Verteidigung von höherer Warte aus die einfachere ist (denken Sie an unzählige Szenen in den Mantel- und Degenfilmen, wo immer der, der von unten nach oben fechten muss, in der schwierigeren Position ist).

Wenn Sie dieses Spiel wirklich beginnen wollen, müssen Sie sich eine genaue Strategie zurechtlegen. Und dabei ernsthaft überlegen, ob Ihr Ziel wirklich so wünschenswert ist, dass es diesen Zeit- und Kraftaufwand tatsächlich lohnt. Denn Sie werden Unmengen Ihrer Energie, Kreativität und Zeit in einen Karrierekampf stecken müssen, alles Ressourcen, die nicht mehr Ihrer eigentlichen Arbeit zugute kommen. Ohne zuvor eine genaue, persönliche »Kosten-Nutzen-Rechnung« aufgemacht zu haben, sollten Sie dieses »Spiel« keinesfalls beginnen. Und auch nicht ohne Verbündete. Wenn Sie sich nicht absolut sicher sind, dass Sie gewinnen können (und dass es nicht nur für Sie, sondern auch für das Unternehmen und Ihre Kollegen das Beste wäre, wenn es so käme), dann sollten Sie Ihre jetzige Position nutzen, um so viel Erfahrung und Renommee zu sammeln wie möglich, und so ausgestattet den Karrieresprung in eine andere Firma versuchen.

Warum merkt keiner, dass Ihr Chef ein Idiot ist?

Sie irren, wenn Sie das glauben. Wenn es nämlich wirklich so wäre, könnte man annehmen, dass die gesamte Firma oder zumindest diejenigen, die mit Ihrem Chef/ Ihrer Abteilung zusammenarbeiten müssen, allesamt ebenfalls Idioten sind. Das ist ziemlich unwahrscheinlich, weil die Firma in diesem Fall längst pleite wäre.

Wenn Sie also nicht paranoid sind, weiß man im Laden sehr wohl, dass Ihr Vorgesetzter nicht das Gelbe vom Ei ist. Stellt sich die nahe liegende Frage: Welche Vorteile hat das Unternehmen (oder eine oder mehrere Personen) davon, an einer bestimmten Position einen schwach qualifizierten Chef unbehelligt vor sich hinwerkeln zu lassen? Da gibt es jede Menge Möglichkeiten:

Gemeinsame Leichen im Keller

Ihr Chef hat mit Kollegen, die heute vielleicht – mit ihm? – in der Geschäftsleitung sitzen, irgendwann »ein Ding gedreht«, über das zwar das Mäntelchen des Schweigens gedeckt wurde, das aber, ans Licht gezerrt, für einige Leute Unannehmlichkeiten zur Folge hätte. Einen Mitwisser provoziert man nicht – logisch!

Frühere Verdienste

Vielleicht hat Ihr Chef – vor Ihrer Zeit – der Firma großen Nutzen gebracht, z. B. Kredite vermittelt oder Produkte entwickelt oder gefördert, die zum Aufstieg des Unternehmens beigetragen haben, Produkte, die vielleicht sogar entscheidend für die Existenz der Firma waren oder immer noch sind. Nun neigen heutige Manager nicht unbedingt dazu, Verdienste ihrer Mitarbeiter allzu lange im Gedächtnis zu behalten, aber vielleicht weiß man davon in der Branche, und es wäre ein Imageschaden zu befürchten, wenn Gerüchte über Illoyalität die Runde machen würden? Aber vielleicht ist man schlicht und einfach nur auf ganz altmodische Weise anständig? So etwas soll's noch geben.

Zu hohe Abfindungskosten

Vielleicht ist Ihr Chef schon sehr lange bei der Firma oder er hat einen besonders guten Vertrag für den Fall des unfreiwilligen Ausscheidens ausgehandelt, so dass die Kosten im Fall einer Kündigung in keinem Verhältnis zu ihrem Nutzen stünden.

Beziehungen

Vielleicht hat Ihr Chef Beziehungen nach ganz oben, zu Leuten, die Sie nur aus der Erwähnung in der Firmenzeitung oder dem Wirtschaftsteil der Tageszeitung kennen? Wenn dem so wäre, könnten Sie Ihre Bemühungen um den Job Ihres Chefs getrost einstellen. Aber nicht nur wegen der vorhandenen Beziehungen, sondern deshalb, weil Sie nichts davon wussten. Gegen Leichen im Keller und gegen Kosten-Nutzen-Rechnungen kann man nicht allzu viel ausrichten. Aber die richtigen Informationen zu haben, das ist eine Intelligenzfrage. Wenn Ihnen die Tatsache des

»Drahts nach oben« entgangen ist, und sei er noch so verborgen, haben Sie nicht gut genug recherchiert. Das spricht nicht für Sie.

Trägheit der Organisation

Man sagt, größere Organisationseinheiten entwickeln ihre eigene Dynamik. Das stimmt, wie viele aus eigener Anschauung wissen. Wie sonst wäre es möglich, dass Firmen weiter funktionieren, obwohl dringend anstehende Entscheidungen wochen-, ja oft monatelang von den »Oberen« nicht getroffen werden? Diese Dynamik der »Werktätigen« hat ihren Gegenpol in der Langsamkeit der Entscheidungsträger. Vor allem dann, wenn es sich um unangenehme Entscheidungen handelt. Und einen aus der Hierarchie zu entlassen oder innerhalb des Unternehmens »umzubetten«, ist ziemlich unangenehm. Er wird sich wehren, es wird Debatten geben, der gewohnte »Trott« ist gestört, es wird Unruhe im Umfeld des Betroffenen geben, vielleicht wirkt die Affäre sogar über dessen Abteilung hinaus und schafft zusätzliche Problemfelder. Also lieber weiterhin wegschauen, der Fall kommt früh genug wieder auf den Tisch ...

Im Extremfall hat das zur Folge, dass eines Tages Hunderte oder mehr ihren Arbeitsplatz verlieren, weil irgendwann einmal ein unangenehmes Gespräch unter Chefs nicht geführt wurde. Sie wissen schon, die Sache mit der Krähe, die der anderen kein Auge aushackt. Mit der kleinen Sachbearbeiterin im Vertrieb, die immer wieder bohrende Fragen nach Vergleichsstatistiken stellt, weil sie ohne Bezugsdaten keinen Sinn in ihrer Arbeit erkennen kann und die sich daher »nicht in den Betriebsablauf einfügt«, hat man da schon weniger Probleme.

Sie selbst sind die Lösung

Woran Sie denken, nämlich Ihren Chef »abzulösen«, darauf sind andere schon vor Ihnen gekommen. Vielleicht hat man von höherer Seite bei Ihrer Einstellung schon ins Auge gefasst, dass Sie diese »Killerfunktion« erfüllen könnten? Dann stehen Sie längst unter Beobachtung. Man achtet genau darauf, wie geschickt Sie diese delikate Sache angehen.

Sollte dies der Fall sein, sind Sie nicht zu beneiden, denn jetzt geht es nicht nur darum, dass Sie einen anderen Menschen besiegen, sondern auch darum, ob Sie dabei die richtigen charakterlichen Eigenschaften haben und zum Einsatz bringen können. Welche das sind? Das wird von Mensch zu Mensch verschieden sein. Und man muss wissen, dass man dabei beobachtet wird. Am Ende müssen Sie entscheiden, ob Sie Mitglied in einem Club werden wollen, dessen »Aufnahmebedingungen« so sind wie beschrieben.

Spätestens an diesem letzten Beispiel sollte deutlich geworden sein, dass es zwar einfach (und oft unumgänglich) ist, seinen Chef als Arschloch zu empfinden, aber schon bei weitem schwieriger, nicht automatisch auch eines zu werden, wenn man die Gelegenheit dazu bekommt. Deshalb will es gut überlegt sein, ob man sich im Leben für das Hammer- oder Amboss-Sein entscheidet. Es ist nicht alles Gold, was im Chefzimmer glänzt.

CHEFTYPEN – UND WIE MAN MIT IHNEN UMGEHT

Eines sei vorneweg gesagt: Versuchen Sie niemals, Menschen zu ändern, handelt es sich nun um Ihren Chef, Ihren Lebenspartner oder Ihre Freunde. Es ist ein sinnloses Unterfangen. Menschen ändern sich nur aus eigenem Antrieb, aus eigener Erkenntnis heraus, niemals, weil man sie bittet, es verlangt, ihnen droht oder sie »erpresst«: »Wenn du nicht …, werde ich …« funktioniert nicht. Wenn man will, dass ein anderer sich verändert, bleibt einem nur, selbst möglichst geschickt zu agieren, in der Hoffnung, dass der Betroffene in gewünschter Weise reagiert. Wenn Sie so wollen, ein Intelligenzspiel. Mit offenem Ausgang und im besten Falle zum Wohl aller Beteiligten. (Und eines, das viel Arbeit und Energie kostet. Aber andernfalls gäbe es ja keinen Grund, Ihren Chef für das zu halten, was Anlass für die Lektüre dieses Buches ist.)

Der Atemlose

Seine »Kurzatmigkeit« kommt selten von überhöhten Blutfettwerten oder überlasteter Lunge, denn sie ist symbolisch zu betrachten. Der Atemlose hastet ständig hinter seinen selbst gestellten, völlig überzogenen Zielen her. Er beraumt andauernd viel zu viele Sitzungen und Termine ein, zu denen er selbst in letzter Minute und mit heraushängender Zunge erscheint. Er denkt den zweiten und dritten Gedanken, bevor er den ersten zu Ende gedacht hat – und wenn doch, so hat er zumindest versäumt, ihn so verständlich (sprich: in ganzen Sätzen) zu kommunizieren, dass seine Mitarbeiter auch nur die leiseste Chance haben, zu verstehen, was er eigentlich will. Auf diese Weise produziert er die Fehlleistungen selbst, die er an seinen Leuten kritisiert. Er ist überzeugt davon und verzweifelt darüber, dass seine Umgebung im Schneckentempo arbeitet und genauso langsam im Begreifen ist, weil er seine eigene Hektik für das einzig Wahre hält. Er redet in Kürzeln und daher oft in Rätseln und er denkt in Kürzeln. Essen ist für ihn notwendige Nahrungsaufnahme, Büroschluss, Feierabend und Wochenenden eine höchst ärgerliche Störung in seinem zwanghaften Vorwärtsstürmen. Er ist der Typ, der sich und der Welt beweisen will, dass der Tag 48 Stunden hat und dass die Welt deshalb so fehlerhaft ist, weil Gott am Sonntag ruhte statt durchzuarbeiten.

Der Schreibtisch und das Büro des Atemlosen sehen meistens aus wie die eines Archivars, sein Terminkalender platzt aus allen Nähten und ist zudem mit Haftzetteln gespickt wie ein Hasenbraten, bevor er in die Röhre geschoben wird. Diesem Cheftyp entgehen fast alle Zwischentöne, weil er nicht zuhören kann (er ist doch nie im Hier und Jetzt, sondern schon längst im Übermorgen). Er fällt leicht auf vordergründige, auffällige (aber untaugliche) Ideen herein, weil ihm nur solche bei seinem rasenden Überlandflug ins Auge stechen. Er lässt sich oft auf die falschen Berater ein, weil er sich für näheres Hinschauen keine Zeit nimmt. Daraus resultiert wiederum jede Menge

Chaos, Ärger, noch mehr Papier, noch mehr Hektik, noch mehr Termine. Die wilde Jagd geht weiter.

Wie geht man mit dem Atemlosen um?

Es wird wohl selten vorkommen, dass man einen Porschefahrer dazu bringt, auf einen 2CV umzusteigen. Was einem aber gelingen könnte, ist, gelegentlich eine Vollbremsung zu provozieren: Wenn er dann einmal steht, hebt er vielleicht den Blick von der Straße, steigt eventuell sogar für ein paar Minuten aus, wirft einen Blick auf das unter ihm liegende Meer und die Serpentinenstraßen, die er gleich weiter hinunterbrausen wird. Damit ist vielleicht nicht viel gewonnen, aber immerhin ein Anflug von Bewusstsein, in welcher Landschaft er sich bewegt.

Auf unseren Fall übertragen heißt das: Nötigen Sie diesem rasenden Roland gelegentlich ein kurzes Innehalten ab. Überraschen Sie ihn! Stellen Sie beispielsweise in einer Konferenz eine völlig unerwartete Frage. Natürlich darf sie nicht von der Art sein, die ein »Das gehört jetzt nicht hierher!« provoziert. Es muss um etwas gehen, was dem Chef wichtig ist, was vielleicht eine bisher ungelöste Aufgabe betrifft, die ihm am Herzen liegt. Hauptsache, die hastvolle Routine wird unterbrochen. Mit etwas Glück lässt sich aufgrund der Themenänderung auch gleich etwas von dem klären, was vor Ihrer unerwarteten Frage zur Debatte stand. Solche Unterbrechungen können, getarnt von freundlicher Harmlosigkeit, auch durchaus provokanter Natur sein. Zum Beispiel könnten Sie einwerfen: »Wir sprechen hier von unseren besten Kunden/wichtigsten

Abteilungen/Produkten immer nur in Kürzeln. Manchmal habe ich Sorge, dass wir dadurch den Bezug zur Realität verlieren. Ich habe neulich das neue Ladengeschäft XY besucht und war erstaunt über ... und darüber, wie gut (schlecht) der Filialleiter über unsere jüngsten Aktionen informiert ist. Er scheint mir sehr interessiert an allem zu sein, was wir tun ...« Gegen einen solchen Hinweis wird auch ein Kürzelverliebter nicht viel einwenden können.

Ein Chef, der mehr Termine vereinbart, als er auf sinnvolle Weise absolvieren kann, wird jede Menge ärgerliche Anrufe und telefonische Nachfragen provozieren. Eine gute Sekretärin kann dabei stoisch mitspielen, aber durchaus auch gegensteuern.

Bei Beschwerde- oder Schimpfkanonaden, die eigentlich der Chef abkriegen sollte, kann sie beispielsweise Telefonnachrichten oder E-Mails schreiben, die wörtliche Zitate der wütenden Anrufer enthalten. Der auf diese Weise Zitierte sollte natürlich vorher um Erlaubnis gefragt werden. Das bewirkt dreierlei: Sie lernt, welche Hunde nur bellen, aber nicht beißen (das hilft der Menschenkenntnis ungeheuer auf die Beine); sie muss den Ärger nicht aus falsch verstandener Loyalität schlucken, sondern gibt ihn im Originalton an die Stelle weiter, wo er hingehört; und schließlich wird das dem Chef vielleicht zu viel, und er sinnt irgendwann (endlich) selbst über eine Änderung nach. Bestenfalls fragt er, wenn ein gewisser Grad von Verzweiflung erreicht ist, sogar mal um Rat. Darauf sollte der oder die Befragte vorbereitet sein und kurze, knappe, aber präzise Vorschläge parat haben.

Beikommen kann man dem Atemlosen auch mit Organisationsvorschlägen, die reibungslosere und kürzere Arbeitsabläufe zum Ziel haben. Den Köder wird er schlucken – vorausgesetzt, das Ganze ist schnell zu erklären, denn umständliche Vorträge wird er sich nicht anhören. Sinn hat das natürlich nur, wenn diese Vorschläge Erleichterungen für die geplagte Mitarbeiterschaft zur Folge haben, d. h. die Idee darf nicht »getürkt« sein, sondern muss das Angenehme mit dem Nützlichen verbinden.

Leichter hat es, wer mit dem Atemlosen schon einige Erfahrung gesammelt hat, die Art und Weise seiner halbgaren, zwischen Tür und Angel gerufenen Anweisungen schon kennt, aber einfach irgendwann die Nase von dieser anstrengenden, verrätselten Arbeitsweise voll hat. Er kann nämlich die Arbeiten auf zweierlei Weise durchführen: genau so, wie die Anweisung kam, aber auch – aufgrund von hochgerechneter Erfahrung – so, wie sie höchstwahrscheinlich hätte gemeint sein können. Wenn es soweit ist, zieht man Erledigungsvariante eins aus der Tasche, was den üblichen ärgerlichen Anpfiff zur Folge hat, und lässt mit den Worten »weil ich aber aufgrund Ihrer Anweisung nicht ganz sicher war ...« Variante zwei folgen (die hoffentlich die richtige ist!). Dieses Spiel, mehrmals unter Zeugen gespielt, wird auch den härtesten Brocken von Chef eher früher als später disziplinieren.

Wenn Sie mit einem Atemlosen geschlagen sind, lassen Sie sich trösten: Es gibt Schlimmere. Außerdem können Sie nirgendwo soviel über das richtige Zeitmanagement lernen wie da, wo es fehlt. Dazu gibt es in

Abteilungen, die von Atemlosen geführt werden, meistens jede Menge »freischwebende« Kompetenzen, die man sich greifen kann. Und jeder Kompetenzzuwachs bringt Sie nach vorne. Sie müssen nur einen langen Atem haben.

Der Blender

Die hervorstechendste Eigenschaft dieses Typs ist, dass er keine Feinde hat. Seine Beliebtheit scheint grenzenlos zu sein, seine Freunde sind Legion. Darunter die klangvollsten Namen aus allen Branchen und aller Herren Länder. Kein Thema – ob am Biertisch oder an der elegantesten Nachtbar –, zu dem der Blender nicht Eigenerlebtes oder zumindest eine Anekdote beizutragen hat. Keine Schlacht, an der er nicht teilgenommen hat oder zumindest einen kennt, der als Überlebender daraus hervorgegangen ist.

Der Blender hat makellose Manieren, ist makellos gekleidet, meist nach der neuesten Mode, aber auf jeden Fall teuer; er weiß, welches Lokal in welcher Stadt gerade *in* ist, wer mit wem ein Verhältnis hat, und überhaupt scheint er stets darüber auf dem Laufenden zu sein, was hinter den Dingen wirklich steckt, weil er zumindest immer etwas hat läuten hören.

Schon aufgrund seiner amüsanten Geschichten ist der Blender fast überall gern gesehen, und die wenigsten der von ihm Heimgesuchten merken, dass im Wesentlichen sie es sind, die ihm Futter und Indizien dafür liefern, dass er dem Nächsten sagen kann, er hätte da »etwas läuten gehört«.

Dieser Typus ist nicht zu verwechseln mit dem Intriganten, denn dem Blender haftet selten etwas Bösartiges an. Er ist vollauf damit beschäftigt, seinen Nimbus des Tausendsassas und Beziehungsgenies aufrechtzuerhalten, um damit zu verschleiern, dass wirkliche Arbeit nicht so ganz sein Ding ist. Dieses Verhalten wird daran deutlich, dass der Blender meistens Prominente zu kennen behauptet – er ist ein Meister im »Name-dropping« –, mit denen man in der Firma wenig Konkretes oder Nützliches anfangen könnte. So steht die Kompetenzauffälligkeit des Blenders bei Konferenzen im umgekehrten Verhältnis zu der bei firmeninternen Geburtstagfesten, dem kleinen Umtrunk in der Geschäftsleitung oder Abendveranstaltungen mit Kunden und Geschäftsfreunden, wo man ihm gerne die Rolle des Maître de Plaisir zuweist.

Gelegentlich fällt dem einen oder anderen in der Firma auf, dass der Blender mehr heiße Luft als anderes produziert; das wird aber meistens lächelnd toleriert, weil er doch so amüsant und vorzeigbar ist. Das ist schließlich auch eine Kunst.

Wie geht man mit dem Blender um?

Im Umgang mit seinen Mitarbeitern ist dieser Cheftyp meist pflegeleicht und eher angenehm. Er ist selten janusköpfig, weil das freundlich-fröhliche Auftreten seine Natur (oder seine zweite Natur geworden) ist, d. h. er verhält sich innerhalb der Abteilung nicht wesentlich anders als extern. Da er selbst, wie schon gesagt, nicht gerne arbeitet, wählt er seine Mitarbeiter entsprechend geschickt danach aus, wie sehr sie sich in diesem Punkt von ihm unterscheiden.

Wer also unbehelligt und möglichst selbstständig arbeiten will, ist mit dem Blender ganz gut bedient. Probleme kann es am Anfang bei der Zusammenarbeit mit anderen Abteilungen geben: Da der Chef meistens im Haus oder andernorts unterwegs ist, fehlt die hilfreiche Hand bei der Einarbeitung (was angesichts der geschilderten Sachlage auch sein Gutes haben mag), was dann überstrapazierte Kollegen nervt (in jeder Firma gibt es maximal einen Blender, d. h. in anderen Abteilungen hat man im Regelfall kräftig zu tun).

Zum Ärgernis kann dieser Cheftyp für andere dann werden, wenn die Zügel aus Kosteneinsparungsgründen überall straffer gezogen werden und nur er sein Hofnarrenspiel ungestraft weitertreiben darf. So etwas könnten – ungerechterweise – seine Mitarbeiter zu spüren bekommen.

Wenn man den Blender ärgern will, kann man ihn nach Adressen seiner angeblichen, prominenten Freunde fragen (die meisten werden gerade bei Dreharbeiten in Hollywood sein oder ein neues Buschflugzeug in Australien testen) oder ihn um einen Termin bei seinem Maßschneider bitten, der angeblich 30 Prozent günstiger ist als Rudolf Moshammer (es wird sich aber herausstellen, dass er die Maßanfertigung aufgegeben hat, weil er gerade mit Calvin Klein eine neue Produktlinie für unter 20-Jährige aufbaut).

Eine kleine Bosheit wäre auch, ihn bei seinen Geschichten, die man ja meistens schon verschiedentlich gehört hat, zu unterbrechen: »Ach ja, das ist diese nette Geschichte, die Sie mir schon ein paar Mal erzählt haben...«

Aber warum sollte man das tun? Es bringt ja nichts. Abgesehen davon ist der Blender eine ständige Erinnerung daran, dass jede Geschäftsleitung sich irren kann. (Und dass es der Firma wohl immer noch sehr gut geht, wenn sie sich solche Irrtümer leisten kann.)

Der Feigling

Wenn dieser Typ Chef geworden ist, heißt es für die Mitarbeiter, auf ihre Nerven aufzupassen. So einer muss üble Tricks draufhaben, sonst hätte er es nicht dahin geschafft, wohin er gekommen ist. Denn üblicherweise verbindet man ja Feigheit nicht gerade mit den hervorragendsten Eigenschaften eines Chefs.

Man darf das Wort »Feigheit« im Zusammenhang mit diesem Cheftyp auch nicht zu vordergründig betrachten. Eher ist er ein Taktierer ausschließlich zu seinen Gunsten. Er wählt seine jeweilige Position im Firmengeschehen danach aus, wie und wo er von oben, unten und seitwärts »abgedeckt« ist. Daher steht der Feigling selten ganz an der Spitze, aber so zentral, dass er das Geschehen bestimmen kann, aber nicht zuallererst als Schuldiger ausgemacht wird, wenn etwas schief geht. Da sind andere Figuren –

wie beim Schach – noch vor ihm fällig. Dieser Cheftyp besitzt zwei Eigenschaften im Übermaß: Angst vor dem Risiko und Misstrauen gegenüber dem Können seiner Mitarbeiter.

Er hat große Probleme mit dem Delegieren und wird daher in seiner Abteilung leicht zum Flaschenhals. Meist bleibt ihm nichts anderes übrig, als dieses Manko durch enormen Fleiß selbst wieder auszugleichen. Seine Mitarbeiter haben folglich wenig Chancen, sich zu entfalten und eigenständige Ideen bei ihm durchzubringen, wenn diese Initiativen nicht hundertprozentig in sein Erfahrungsmuster passen.

Neues, Innovatives wird unter solch einem Chef nicht entwickelt, bei ihm wird ständig das Alte kopiert. Der Feigling wird niemals einen Trend kreieren, sondern immer auf fahrende Züge aufspringen. Auf diese Weise werden große Misserfolge vermieden, aber dafür sind auch selten herausragende Erfolge von ihm zu erwarten. Der Feigling geht jedem Konflikt und jeder Diskussion tunlichst aus dem Weg, um sicherzustellen, dass seine Vorgaben das Maß aller Dinge bleiben. Um diesen Balanceakt zu erzielen, operiert der Feigling mit einer raffinierten Mischung aus beruhigender Jovialität und rigorosem Machtanspruch. Auch wenn er anderen zunächst das letzte Wort lässt (als vorbeugende, friedensstiftende Maßnahme), findet er dennoch Mittel und Wege, seinen Willen auf Biegen und Brechen durchzusetzen.

Dem Feigling gelingt meistens das Kunststück, Macht auszuüben, ohne die dazugehörige Verantwortung in Konsequenz tragen zu müssen. Talentierte Leute, die in seinen Einflussbereich geraten, sollten schleunigst das Weite suchen, sonst werden sie sich eines Tages als Trockenblumen wiederfinden. Dieser Cheftyp ist dafür verantwortlich, dass unsere Welt im Mittelmaß erstickt.

Wie geht man mit dem Feigling um?

Für diesen Cheftyp braucht man, wie schon gesagt, starke Nerven und noch mehr Geduld. Unter seiner Fuchtel vorwärts zu kommen, setzt eigentlich totale Anpassung voraus. Wenn man dabei nicht zum Jasager und zu seinem »willigen Geschöpf« verkommen will (das wäre schlecht, weil einen dieses Persönlichkeitsbild für eine Karriere – anderswo als beim Feigling – untauglich macht), muss man zwei Gesichter aufsetzen. Das eine, das den Feigling in Sicherheit wiegt und ihm signalisiert, dass er nach wie vor der unangefochtene Chef im Ring ist. Und das andere, nicht sichtbare, das des Opponierenden.

Im Übrigen ist es nicht so, dass man bei einem Chef dieses Strickmusters nichts lernen könnte. Er hat schließlich viel Mühe darauf verwendet, diese bequeme, geschützte Machtposition zu erreichen. Es zahlt sich für jeden Nachwachsenden aus, seine Winkelzüge und taktischen Tricks zu beobachten und genau zu analysieren. Und auch in der Sache wird der Feigling nicht ganz schlecht sein – immerhin hält er den Laden ja am Laufen.

Wer aber mehr will als den alten Trott und den alten Stress innerhalb der alten Langeweile (»Wir machen das schon immer so!«), sollte über kurz oder lang die Konfrontation suchen. Gut vorbereitet natürlich. Da der Feigling Diskussionen aus dem Weg geht und damit auch einen Weg gefunden hat, dem besseren Argument keine Chance zu geben, müssen Sie ihn genau auf diesem Terrain stellen. Alleine werden Sie das niemals schaffen, weshalb es ratsam ist, Allianzen zu bilden. Nicht generell, das wäre eine Intrige, und auf diesem Gebiet kennt sich der Feigling allemal besser aus als Sie. Nein, in einer ganz bestimmten Sache, die Ihnen aus guten Gründen wichtig ist, die Sie durchbringen wollen und mit der Sie sich intensiv beschäftigt haben. Suchen Sie sich zunächst Kollegen innerhalb der Abteilung, die Sie dafür begeistern können, und, wenn Sie diese verlässlich hinter sich wissen, erweitern Sie den Kreis der Befürworter um Leute auch außerhalb der Abteilung. Gehen Sie geschickt vor. Gewinnen Sie Ihre Mitstreiter ganz en passant – es darf gar nicht erst der Verdacht aufkommen, dass Ihr Vorhaben für Sie von größerer Bedeutung ist als die Sache an sich, um die es geht. (Der Feigling ist schlau, er kann Gefahr »riechen«.)

Wenn Sie Ihre lückenlose Argumentationskette und Ihre Mitstreiter beisammen haben, warten Sie den richtigen Moment ab, um Ihren Neuerungsversuch zu starten. Am besten eine Konferenz, an der möglichst viele Mitarbeiter teilnehmen, vor allem aber jene, die Sie für Ihre Sache gewinnen konnten. Wenn Sie alles richtig durchdacht haben, wird sich der Feigling den besseren Argumenten vor versammelter Mannschaft nicht verschließen können. Damit ist der Sieg zwar noch lange nicht Ihrer, Sie müssen sofort – am besten schriftlich – den gemeinsam getroffenen Beschluss im Haus kommunizieren und zur Tat schreiten, also die Umsetzung in die Wege leiten.

Vermeiden Sie jedes Anzeichen von Triumph, im Gegenteil, sagen Sie dem schwierigen Chef – ebenfalls möglichst unter Zeugen –, wie sehr Sie sich freuen, dass Sie gerade ihn überzeugen konnten, wo man ja von ihm wüsste, dass niemand einen schärferen, analytischeren Blick auf die Dinge (und die Haken) hätte als er. So kann er das Gesicht (vor sich selbst) wahren, und Sie machen vielleicht sogar einen Punkt, weil er sich sagen kann, Sie seien durch seine Schule gegangen.

Aber noch einmal: Setzen Sie solche Taktiken niemals ein, um dem Feigling eins auszuwischen oder nur um ihn zu ärgern (so etwas können Sie getrost seinem Chef überlassen, das sind dann reine Machtspiele). Es sollte um die Sache gehen und darum, dass Sie – und Ihre Kollegen – Arbeitsbedingungen haben, die Ihren Fähigkeiten und Ihrem Kreativitätspotenzial entsprechen. Vorgehensweisen wie die geschilderte sind Schachzüge aus »Notwehr«.

Gelingen nicht garantiert!

Der Inkompetente

Dieser Cheftyp ist weit verbreitet und bei Firmenleitungen in demselben Ausmaß beliebt, wie bei seinen Mitarbeitern verhasst. Das ist nicht so paradox, wie es zunächst klingen mag. Stellen Sie sich beispielsweise vor, ein Abteilungsleiter, der von seinem Metier wirklich viel versteht und es auch leidenschaftlich liebt, steigt in die Geschäftsleitung auf. Damit wird er dem Tagesgeschäft entzogen, das ihm aber in Wahrheit mehr Freude macht als das Abstrakte, Visionäre. Um weiterhin Zugriff auf seine Spielwiese zu haben, ohne auf die Vorzüge der großen Karriere verzichten zu müssen, wird er für einen Nachfolger sorgen, der ihm auf seinem Gebiet nicht das Wasser reichen kann. So schafft er sich nicht nur einen dankbaren, treuen Verbündeten (der selbst oft nicht weiß, wie ihm ob dieser unerwarteten Beförderung geschieht), sondern zugleich einen Abhängigen, dem er jederzeit die Regierungsgeschäfte aus der Hand nehmen kann, wenn er sich auf der oberen Etage gerade mal langweilt.

Diese Allianzen sind, wie gesagt, gar nicht so selten, weshalb sich jeder Mitarbeiter die Frage stellen sollte, warum eine Firmenleitung einen für alle Welt sichtbar inkompetenten Vorgesetzten duldet, bevor er gegen ihn Sturm läuft. (Ein paar Möglichkeiten sind im Kapitel *Wollen Sie Hammer oder Amboss sein?* schon aufgezählt – es sind die treuherzigeren Varianten. Die hier geschilderte ist die wahrscheinlichere.) Ein Inkompetenter bietet aber oft nicht nur dem einen Taktiker Vorteile, sondern manchmal der ganzen Führungsriege. Solche Abteilungen können zu personellen Verschiebebahnhöfen werden und zum Spielball verschiedenster Interessen, je nach Sachlage.

Für Sie als seinen Mitarbeiter ist der Inkompetente eine echte Pest. Sie können nichts von ihm lernen. Sie haben jede Menge Frustrationen zu erleiden, da Ihnen Arbeiten, die der Chef zunächst (scheinbar) abgenickt hat, plötzlich wieder auf den Tisch zurückgeworfen werden. Neue Richtung, marsch, marsch! Bis jeder Einzelne rauskriegt, dass der Wind aus einer viel höheren Richtung weht, herrscht Ratlosigkeit. Da ein Chef von Gottes Gnaden sich selbst nicht gerade wohl fühlt in seiner geliehenen Haut, legt er meist ein autoritäres Gehabe an den Tag, das ihm aber nicht viel nützt, weil es aufgrund der unübersehbaren Tatsachen nur lächerlich wirkt.

In Arbeitsgruppen, die von einem Inkompetenten geführt werden, herrschen extreme Stimmungsschwankungen, vor allem durch Neuzugänge ausgelöst, die rebellieren oder ihrem Frust Ausdruck verleihen, solange sie den wahren Seinszustand der Abteilungsführung noch nicht durchblicken. Herrscht eine Weile Kontinuität vor, tanzen die Mäuse auf dem Tisch, sobald der verachtete Chef den Rücken kehrt. Die Stimmung hebt sich, und man ist sich einig: Alle gegen einen.

Wie geht man mit dem Inkompetenten um?

Vom Inkompetenten kann man zwar in der Sache nichts lernen, aber viel über Hierarchien, ihre Durchlässigkeit und über Freud und Leid von Kompromissen. Da man ja sowohl aus Höflichkeit wie auch aus Gründen des Selbstschutzes weder beim eigenen Chef noch bei anderen über dessen Inkompetenz offen reden kann, lassen sich auch diplomatische Fähigkeiten an seiner Person (und seinen Wohltätern) schulen. Zugegeben: Das hebt zwar den Erfahrungsschatz, hilft aber in der momentanen Situation wenig. Wer die Flinte nicht gleich ins Korn werfen will, hat dennoch die berühmten zwei Möglichkeiten:

Vorausgesetzt, man beherrscht das Metier (im Gegensatz zum Vorgesetzten), kann man sich ihm zuwenden und ihn quasi aktiv »coachen«. Das heißt, man macht seine Arbeit, bereitet sie ihm mundgerecht zu und auf, so dass er sie nur noch zum Absegnen eine Etage höher tragen muss. Da man bei der dortigen Präsentation nicht dabei sein kann, um steuernd seine eigenen Konzepte und die dahinter stehenden Ideen zu stützen, wird es unter Umständen lange dauern und viel Frustration geben, bis sich dieses Verfahren eingespielt hat. Wenn der Chef zwar inkompetent, aber nicht auch noch ganz dumm ist, wird er wahrscheinlich merken, dass Sie sich als graue Eminenz etablieren wollen. Ob er zulässt, dass er daraufhin nicht nur von oben, sondern auch von unten her an Strippen gezogen wird, hängt vom Grad seiner Verzweiflung ab – (Inkompetente haben sich aber das Verzweifeln meist längst abgewöhnt. Dieser Zustand ließe sich ohne Verdrängung unmöglich längere Zeit aushalten) – und von Ihrer Geschicklichkeit.

Eine andere Möglichkeit ist, die Aufmerksamkeit der höheren Etage zu suchen. Bei viel Glück kann man die eine oder andere direkte Aufgabenzuweisung erhalten und so zum Springer zwischen den Hierarchien werden. Wenn man Pech hat, wird man allerdings lediglich zum Boten und Spielball der beiden »finsteren Mächte« und kriegt außerdem noch den Ärger von beiden Seiten ab.

Alles in allem hat man kein gutes Sein und nicht viele Möglichkeiten in einer Gruppe, die von einem Dilettanten geführt wird. Am besten ist, man sucht bei der erstbesten Gelegenheit das Weite.

Der Taktierer

Jeder, der schon ein paar Jahre Berufserfahrung auf dem Buckel hat, weiß, dass es meistens ohne Taktieren nicht geht, wenn man etwas Bestimmtes erreichen will. Natürlich wäre es am einfachsten, wenn man seine Ziele offen und geradeheraus ansteuern könnte. Da Menschen aber sehr verschieden sind (und sehr Verschiedenes wollen), ist das nur selten möglich. Manchmal hat man den Eindruck, dass über Türen zu Chefzimmern unsichtbar der Spruch »Warum denn einfach, wenn es auch kompliziert geht« geschrieben steht. Der Taktierer könnte diesen Satz erfunden haben.

Unter den vielen unangenehmen Chefeigenschaften des Taktierers ist seine Entscheidungsschwäche die unangenehmste. Von ihm ein rasches Ja oder Nein, auch in den einfachsten Angelegenheiten, zu bekommen, ist fast so selten wie ein Sechser im Lotto. Er ist ein begnadeter Zuhörer, ohne aus dem Gehörten erkennbare Schlüsse zu ziehen. Wenn er spricht, spricht er extrem leise und auch in der Sache eher kryptisch-andeutend als klar, so dass man ihm nur schwer folgen kann. Diese unangenehme Eigenschaft des leisen, fast murmelnden, verschliffenen Redens kann man auch bei TV-Moderatoren oft beobachten. Nämlich immer dann, wenn sie auf unsicheres Gesprächs-, sprich Wissensgelände kommen und dabei sind, den Faden oder die Gesprächshoheit zu verlieren.

Der Taktierer hat einen anderen Grund für seine leise Tonlage und seine verquaste Rede. Er will nicht beim Wort genommen werden und im Zweifelsfall eine Ausflucht haben. Ein Satz wie »Da haben Sie mich aber völlig falsch verstanden« hängt immer unausgesprochen in der Luft, wenn man es mit einem Taktierer zu tun hat. Solche Menschen wirken oft wie Kinder, die ständig auf der Hut sind, weil sie ununterbrochen ein schlechtes Gewissen haben.

Einen Taktierer zum Chef zu haben, ist eine Aufgabe für einen geborenen Spurenleser oder Spürhund. Führt der Taktierer eine Konferenz, kann man Anschlusstermine getrost vergessen. Die erste Hälfte wird verblödelt oder mit Geschichten und Jokes vertan, die die meisten Beteiligten nicht verstehen (lächeln oder lachen aber mit, weil sie nicht zugeben wollen, nicht eingeweiht zu sein; davon ausgehend, dass einige es sind, was übrigens meist nicht der Fall ist), die zweite Hälfte mit Abfragen und Austesten, welche der Anwesenden sich in welchen Fragen nicht einig sind. Wenn alles so läuft, wie der Taktierer es geschickt eingefädelt hat, beißen sich die Konferenzteilnehmer in relativ unwichtigen Detailfragen fest, und man kann auseinander gehen, ohne Entscheidungen getroffen zu haben. Alles nach dem Motto: »Wer nichts Konkretes tut, kann auch keine Fehler machen.«

Denn genau darum geht es: Der Taktierer will geliebt werden wie kein anderer Cheftyp. Und deshalb will er keine Fehler machen. So hat er das Lavieren erfunden. Da er meist ein von Haus aus freundlich gestimmter Mensch ist, geht er Konflikten sowieso aus dem Weg, und wenn es ihm wider Erwarten nicht gelingt, lässt er die Kontrahenten geschickt aufeinander losgehen, hört schweigend zu und beschließt das Kampfgeschehen in einer Atempause mit den Worten: »So, nun scheint mir die Angelegenheit im Wesentlichen geklärt zu sein. Jetzt können wir wieder an die Arbeit gehen.« Die völlig verblüfften Streithähne verlassen meist überrumpelt und ratlos den Ort des Geschehens.

Der Taktierer gehört zu den meistverbreiteten Karrieretypen in unseren Breitengraden. Klar, wer keine Fehler macht, muss in den Augen der Beobachter von oben gut sein. Wenn es aber stimmt, was zurzeit die gängige Meinung der Wirtschaftslehre ist, nämlich, dass Schnelligkeit (= Entscheidungsfreudigkeit) Größe (= angesammelte Macht aus der Vergangenheit) schlägt, dann wissen wir, weshalb unsere Firmen so selten auf den internationalen Siegertreppchen stehen. Andererseits tragen die Schwächen der Taktierer unter glücklichen Umständen zur Demokratisierung von bisher starren Firmengefügen bei.

Wie geht man mit dem Taktierer um?

Von allen bisher beschriebenen Cheftypen ist es – objektiv gesehen – am einfachsten, mit dem Taktierer auszukommen. Natürlich ist es ärgerlich, wenn ständig Verzögerungen eintreten, weil Entscheidungen ständig aufgeschoben werden. Andererseits lassen offene Entscheidungen viel Spielraum für eigene Initiativen der Mitarbeiter. So gesehen, fördert die Schwäche des Vorgesetzten Stärken von Untergebenen.

Die alte Frage »Wie sollen wir vorgehen?« muss im Fall des Taktierers umformuliert werden in: »Wir schlagen vor, so vorzugehen, weil ...« Das wiederum setzt voraus, dass man schon im Vorfeld innerhalb der Gruppe eine Analyse vorgenommen hat und gedankliche Strukturen geschaffen wurden (was sich die meisten Chefs aus guten Gründen wünschen) und dass die Möglichkeiten aufgrund von Sortierung schon auf ein übersichtliches Maß begrenzt sind. Das nimmt Druck und erleichtert jedem Taktierer die Abschätzung der möglichen Fehlerquote und wird dadurch die Entscheidung beschleunigen.

Das Reden in Schleifen und Rätseln lässt sich durch konkretes Nachfragen und Insistieren auf ein erträgliches Maß reduzieren. Lange Konferenzen lassen sich einschränken, indem man dafür sorgt, dass es dort wenig zu beschließen gibt, weil man das meiste außerhalb und vorher erledigt und entschieden hat. Wenn nur mehr Talk und Joke als Konferenzthemen übrig bleiben, werden sich solche Zusammenkünfte automatisch verringern oder zumindest verkürzen.

Dieses Szenario macht deutlich, dass in einer solchen Situation die Mitarbeiter – sind sie nur couragiert genug – die Handlungskompetenz übernehmen können. Genau das kann der Fall sein, wenn ein Taktierer am Werk ist. Hierarchien lösen sich – vielleicht nicht offiziell, aber de facto – auf. In der modernen Managementphilosophie kennt man den Begriff der »vagabundierenden Führung«: Demnach hat jeweils der das Sagen, der mit Kompetenz und plausiblen Konzepten die Führung ergreift.

Unter diesen Gesichtspunkten sollte man alles tun, damit Taktierer Karriere machen und möglichst weit vom Tagesgeschäft wegkommen. Dann sind alle Probleme gelöst – oder sie liegen im Zweifel bei den Aufsichtsräten, so vorhanden. Aber so weit oben kann man ja keine Fehler mehr machen. Sagt man. (Der Fall wäre zu tief.)

Der Neurotiker

Dieser Cheftyp schafft ohne Zweifel das komplizierteste Emotionsmuster in seinem Umfeld. Gradlinige, offene Menschen kommen selten gut mit ihm aus – bzw. nur so lange, bis sie ihm widersprechen. Er wittert überall Verrat (und Liebesentzug), was nicht schwierig ist, weil er sein Verhalten und seine Leistungen für das Maß aller Dinge hält. Der Neurotiker legt narzisstische Züge an den Tag, die selbst der gelassenste Beobachter nicht übersehen kann. Wer arglos etwas Gutes über einen Feind des Neurotikers sagt (und das ist nicht schwer, weil er sich ständig von Feinden umzingelt sieht), fällt bei diesem Chef schlagartig in Ungnade, weil er der Kollaboration verdächtigt wird. Objektivität ist ein Fremdwort für den Neurotiker, weil er alles aus seiner egozentrischen Sicht sieht und alle anderen Betrachtungsweisen für ihn nicht nachvollziehbar sind.

Die Stimmung in Gruppen, die von einem Neurotiker geführt werden, gleicht oft der einer sektenähnlichen Gemeinschaft. Seine Mitarbeiter müssen quasi einen Fahneneid auf ihn ablegen. Wer dieses unausgesprochene (innere) Ritual nicht mitmacht, wird zuerst durch schlechte Behandlung, meist durch Nichtbeachtung, bestraft, aber eher über kurz als über lang aus der Truppe entfernt. Neurotiker haben eine hohe Mitarbeiterfluktuation und sind daher bestrebt, einen harten Kern von langjährigen Vertrauten um sich zu versammeln, die ihnen ihre Wünsche anbetend von den Lippen ablesen und ihre Launen und Wutanfälle still und ohne aufsässig zu werden ertragen. Für einen Außenstehenden ist es fast unmöglich, mit diesem harten Kern in Kontakt zu kommen, geschweige denn, vernünftig mit ihm zu kommunizieren.

Völlig harmlos gemeinte, offene Worte werden sofort zu Nachrichten, die dem Neurotiker hinterbracht und von diesem als Waffe benutzt werden, indem er sie nach Lust und Laune negativ interpretiert.

Neurotiker können im Regelfall überhaupt nicht mit Misserfolgen umgehen und werden in solchen Fällen manchmal zu psychoterroristischen Amokläufern. Die Schuld für Fehlschläge suchen sie prinzipiell bei anderen.

Deshalb grenzt sich der Neurotiker mit seiner Mannschaft vom Rest der Firma so stark wie möglich ab und erklärt sich zur Elite. Neurotiker schaffen Neurotiker.

Wie geht man mit dem Neurotiker um?
Die oben stehende Beschreibung macht sicher hinreichend deutlich, dass guter Rat bei diesem Cheftyp nicht teuer, sondern geradezu unerschwinglich ist. Die einzigen Menschen, die mit einer solchen, sagen wir mal, schwierigen Persönlichkeit auskommen, sind abgeklärte, absolut gelassene, in sich ruhende Persönlichkeiten. Sie müssen das haben, was man in Bayern eine »Bierruhe« nennt. Wer alles schon gesehen und erlebt hat, was es auf dem Chefgebiet zu erleben gibt, an dem perlt auch der Neurotiker unbeschadet ab. Die zweite Gruppe, die den Neurotiker aushält, besteht aus Leuten, die ihren Chef unbedingt lieben wollen und bereit sind, ihn in den Mittelpunkt ihres Lebens zu stellen. Also Menschen, die selbst neurotische Züge aufweisen.

Tricks gibt es nicht. Doch, einen: fernhalten.

Der Gutmensch

Dieser Menschentyp ist nicht nur ein Cheftyp, sondern ein allgemeines Phänomen unserer Zeit. Manch einer bezeichnet ihn auch als Plage, weil er seine Anständigkeit nicht nur aus Überzeugungen, sondern oftmals aus

Missverständnissen bezieht. Gutmenschen funktionieren in voller Umkehr des Goetheschen Faustzitats – sie sind die Kraft, die das Gute will und oft (statt stets) das Böse schafft. Gutmenschen sind nicht nur deshalb »gut«, weil sie glauben, dass sich Schlechtigkeit in keiner Beziehung lohnt, sondern weil sie das Vorhandensein von negativen menschlichen Charakterzügen einfach negieren. Sie gehören zu denen, die meistens nicht tief genug denken (obwohl sie gerade davon felsenfest überzeugt sind), und daher Störfaktoren wie Neid, Zorn, Intrigen, Lust am Zerstören, die Kreativität des Negativen gar nicht erst in ihre Überlegungen einbeziehen. (Stellen Sie sich vor, jeder Witz, jeder Roman, jedes Theaterstück, jeder Film wäre des Negativen, des Vorhandenseins des Bösen beraubt, alle diese Kunstformen gäbe es dann gar nicht: Sie leben vom Dualen.)

Der Gutmensch als Chef hält Machiavelli für die Ursache der schlechten Botschaft und übersieht, dass er nur der Überbringer ist. Im realen Berufsleben sieht sich der Gutmensch daher zwangsläufig ständig enttäuscht. Sein Wohlwollen wird ihm selten vergolten. Er glaubt so lange daran, dass ernst und gut gemeinte Ermahnungen an chronische Zuspätkommer, Trödler und andere Abteilungsnassauer helfen, bis er sich einem Aufstand der übrigen Mitarbeiter gegenübersieht, die keine Lust mehr haben, sich noch länger von einem schwarzen Schaf ausnützen zu lassen. Dann hat der Gutmensch genau das am Hals, was er unbedingt und mit allen Mitteln verhindern wollte – einen Konflikt. Der Gutmensch produziert aufgrund seiner Naivität eine Abteilungsstimmung, die vordergründig gut scheint, obwohl in Wahrheit dauernd irgendwo eine Lunte glimmt und jederzeit eine Bombe hochgehen kann. Das liegt schlicht und einfach daran, dass jemand, der alle Menschen gleich (gut) behandelt – egal, wie sie sind und sich verhalten –, von einer eklatanten (wenn auch ungewollten) Ungerechtigkeit ist.

Gutmenschen nerven und sind leider auch ziemlich langweilig, was sich lähmend auf die Gruppendynamik auswirkt. Gleichmaß erzeugt zwar im besten Fall Arbeitskontinuität, aber selten Kreativitätsschübe.

Das geht nicht lange gut, weshalb der Gutmensch als Chef enormen psychischen Belastungen ausgesetzt ist, die ihn unsicher und entscheidungsschwach machen. Diejenigen, die ihn gerade wegen seiner Anständigkeit geschätzt haben, wenden sich irgendwann gelangweilt und frustriert von ihm ab.

Wie geht man mit dem Gutmenschen um?

Der Gutmensch ist unter allen Cheftypen die tragischste Figur. Sein ganzes Wollen und Ziel ist, dass alle sich wohl fühlen und gleichermaßen am Erfolg des Ganzen teilhaben. Von allen Chefs hat der Gutmensch die geringsten egoistischen Anlagen und Absichten. (Wenn man einmal davon absieht, dass er sich nur wohl fühlt, wenn die Welt »heil« ist, weshalb er diesen Zustand unentwegt anstrebt.)

Da der Gutmensch nicht so ganz von dieser Welt und daher eigentlich für das Chefsein nicht wirklich geeignet ist (er ist meistens ein guter »Zweiter«), kann man lediglich versuchen, ihm von den ihm unangenehmen Aufgaben so viele wie möglich abzunehmen, damit die Abteilung funktioniert. Entweder in Form von lückenlosen Argumentationsketten, denen er sich nicht verschließen kann, oder indem man versucht, solche Aufgaben von ihm übertragen zu bekommen. Was nicht ganz einfach ist, weil Gutmenschen in ihrer Ehrpusligkeit oft einen enormen Fleiß aufbringen. Sie lassen sich ungern entlasten, weil sie Angst haben, andere zu überlasten oder dass ihnen nachgesagt werden könnte, sie wären nicht aktiv genug.

Eine andere Möglichkeit wäre eine »Schocktherapie«, in der man immer und immer wieder böse Beispiele darüber erzählt, wie Menschen eben so sind. Aus der eigenen Firma, von der befreundeten und verfeindeten Konkurrenz, von den Kunden. Aber Zitate aus der Medienberichterstattung über den Realzustand der Welt genügen meist, um den Gutmenschen in besorgte Stummheit versinken zu lassen. In diesen Momenten der seelischen Ermattung kann es gelingen, ihm überfällige Entscheidungen abzuringen. Gegen die ereignislose Langeweile lässt sich natürlich auch etwas tun, indem man Ideen und Vorschläge am laufenden Band produziert (so man kann). Wenn sich dem Ganzen eine ethische Komponente beifügen lässt, zumindest in der Präsentation, hat man gute Chancen, Entscheidungstemperament beim Gutmenschen zu erzeugen.

Im Großen und Ganzen gibt es Schlimmeres, als einen Gutmenschen zum Chef zu haben. Er ist ganz gewiss kein Feind seiner Mitarbeiter. Allenfalls eine Nervensäge.

Der Machtmensch

Der Machtmensch hat völlig zu Unrecht einen zweifelhaften Ruf. Er ist der einzige Cheftyp, der nicht nur führen will, sondern – vorausgesetzt, er ist kein Neurotiker – es auch kann. Der Machtmensch ist relativ frei von unverarbeiteten Ängsten – das Führen macht ihm sichtlich Freude. Er ist ob seiner Hinwendung zur Macht kein besserer oder schlechterer Mensch als andere, aber vor allem macht er sich darüber nicht die geringsten Gedanken. Dieser Führungspersönlichkeit wird oft Skrupellosigkeit vorgeworfen (die es natürlich bei allen Cheftypen, außer beim Gutmenschen, auch gibt), die aber häufig mit Entscheidungsfreude verwechselt wird. Ein Machtmensch hat es nie nötig gehabt, Machiavelli zu lesen, er hat ihn sozusagen im Blut. Dieser Cheftyp ist – vorausgesetzt, er ist kein Charakterschwein, aber das gilt für alle anderen Führungscharaktere auch – der angenehmste, weil man sich auf seine Verhaltensweisen verlassen kann. Das heißt nicht, dass er im platten Sinn berechenbar ist, sondern meint vielmehr Zuverlässigkeit.

Ein Machtmensch trifft harte Entscheidungen mit derselben Präzision, wie er angenehme Nachrichten verbreitet. Er weiß, dass er von vielen seiner Mitarbeiter gefürchtet wird, was ihn amüsiert und was er nicht ungern sieht, weil es ihm viele Probleme vom Leib hält. Was dem Machtmenschen problemfreie Zonen schafft, hat für sein Umfeld durchaus seine Haken. Dieser Chef setzt absolute Gefolgstreue voraus, Zweifel daran lässt er gar nicht erst aufkommen. Militärisch gesehen, ist er der Typ des Stoßtruppführers, der durch eine tollkühne Aktion überraschende Geländegewinne erzielt. Offiziere, also Mitarbeiter, die vorher gerne ein längeres Kartenstudium absolvieren möchten, um dieses Gelände zu sondieren, haben keine gute Karten beim Machtmenschen, weil er meist aus dem Bauch heraus entscheidet. Sein Zeichen ist das offene Visier, schon deshalb, weil ihm komplizierte Intrigen zu umständlich sind. Machtmenschen sind meist praxiserprobte Kämpfertypen, die sich nach oben geboxt haben. Langwierige Planungen und tüftelige Arbeitsdisziplin sind hingegen nicht ihr Ding.

Wer mit einem Machtmenschen zusammenarbeitet, kann alles lernen, was er wissen muss, um selbst eine Führungskraft zu werden. Was anderen Cheftypen viel Kopfzerbrechen macht (»Wie sag ich's meinem Mitarbeiter?«), erledigt sich beim Machtmenschen oft mit einer Geste oder einem Blick.

Sensible oder sehr differenzierte Gemüter haben mit diesem zupackenden Cheftyp ihre Probleme, sind aber oft in hohem Maße fasziniert von ihm. Wer die Mottos »Wo gehobelt wird, fallen Späne« und »So ist das Leben!« nicht goutiert, sollte nicht die Nähe dieses Cheftyps suchen.

In Gruppen, die von Machtmenschen geführt werden, gibt es keine »Stimmungen«, weil im Auge des Orkans Windstille herrscht.

Wie geht man mit dem Machtmenschen um?

Fast bin ich versucht zu sagen, »gar nicht«, weil es meistens so ist, dass der Machtmensch mit seinen Mitarbeitern »umgeht«. Das birgt die Gefahr, dass Mitarbeiter von Machtmenschen zu opportunistischen Jasagern werden, was für alle Beteiligten nicht wünschenswert ist. Will man ans Ohr dieses Cheftyps dringen, sollte man beizeiten lernen, sich in Wort und Schrift kurz, verständlich und präzise zu fassen. Für lange Vorträge und komplizierte Texte hat der Machtmensch weder die Zeit noch die Geduld. (Weshalb feinsinnige Intellektuelle eher selten in seinem Dunstkreis zu finden sind.) Mitarbeiter von Machtmenschen sollten ihre Verweildauer in der Nähe des Chefs als Praktikum und Durchlaufstation betrachten. Beobachten, analysieren und noch einmal beobachten, um das Beste an Erkenntnis für sich herauszuholen, ist die klügste Umgangsweise mit dem Machtmenschen. Es wäre gut, sich dabei die eigene Kritikfähigkeit nicht »abkaufen« zu lassen, also nicht in stiller Bewunderung zu erstarren – Respekt genügt. Der größte Fehler wäre es, vor einem Machtmenschen in Angst zu verfallen. Das weckt seine schlechtesten Eigenschaften. Und schließlich ist auch Gott nicht fehlerfrei, das kann man unschwer an seinem Bodenpersonal erkennen.

Von Bedenkenträgern und Wichtigtuern

Cheftypen und deren Ableger gibt es natürlich in vielen Spielarten und Varianten. Es würde die Möglichkeiten sprengen, sie alle hier zu »würdigen«. Ein paar von ihnen seien aber noch kurz erwähnt, weil man ihnen häufig begegnet und es deshalb nicht ganz verkehrt ist, ihnen einen Augenblick Aufmerksamkeit zu widmen.

Der Opportunist
(Um dem »Arschkriecher« einen etwas nobleren Titel zu gewähren.) Er ist derjenige, der dem Nächsthöheren selbst bei den dümmsten Witzen nickend wie ein Autowackelhund applaudiert, aber seinen Mitarbeitern gegenüber den Kritischen gibt und kräftigst nach unten tritt. Ihm kann man eigentlich nur mit höflicher Sachlichkeit begegnen, damit man nicht in die Verlegenheit kommt, ihm Verachtung zeigen zu müssen.

Der Bedenkenträger
Dieser Typ hält sich für den Schutzengel der Abteilung/ Firma und passt auf wie ein Schießhund, dass keine übereilten Entscheidungen getroffen werden. Damit ist er der natürliche Feind jeder Modernisierung und findet sogar dort Haare in der Suppe, wo sie schon x-mal gesiebt wurde. Ihn kann man nur mit viel Geduld und den besseren Argumenten schlagen oder hoffen, dass ihn die nächsthöhere Etage zwingt, ab einem bestimmten Punkt mit seinem destruktiven Treiben innezuhalten.

Der Erbsenzähler

Er ist von bemerkenswerter Kleinkariertheit und meist nicht in der Lage, über den Tellerrand seines – hoffentlich kleinen – Einflussbereichs hinauszuschauen. Er behindert, ähnlich wie der Bedenkenträger, fortschreitende Maßnahmen und kann die Geduld aller Beteiligten bis zum Äußersten strapazieren. Man kann ihn gelegentlich ruhig stellen, wenn man ihn mit Informationen zuschüttet, so dass sein inneres Zählwerk ins Stottern gerät.

Der Choleriker

Dieser Cheftyp ist eigentlich harmlos, wenn man erst einmal herausgefunden hat, welche Anlässe es sind, die ihn zum Ausrasten bringen. Er ist ohnedies selten geworden, in Zeiten, wo die Managementlehren schon eine ausgreifende Armbewegung für einen Ausbruch von Leidenschaft halten und jegliche Emotionsäußerung verbieten. Schreianfälle von Cholerikern begegnet man am besten damit, dass man den Raum verlässt.

Der Hysteriker

(Nicht zu verwechseln mit dem gleichnamigen Angsttypen.) Dieser Chef dreht bei jeder Kleinigkeit, die nur nach einem Anflug von Stress oder Schwierigkeit aussieht, durch und wird hektisch. Damit löst er das Problem, das er vermeiden will, meist erst aus. Er schafft schreckliches Durcheinander und Sturm selbst im kleinsten Wasserglas. Ihm kann man nur mit absoluter Ruhe, Pragmatismus und dem Abfassen von Checklisten beikommen.

Der Zyniker

Dieser Typ ist Geschmackssache, wobei sich die Frage erhebt, wie weit der Grad seines Zynismus geht. Wer Sinn für schwarzen Humor hat und weiß, dass Zynismus meistens eine Art Selbstschutz von Sensiblen (oder gar Verzweifelten) ist, die sich keine Blöße geben wollen, kommt damit besser zurecht als leicht Verletzliche.

Wer Zynismus nicht verträgt, soll und muss den Mut aufbringen, das zu formulieren. Da Zyniker verkappte Sensibelchen sind, wird sie das – zumindest für eine Weile – dämpfen.

Der Konfliktscheue

Er drückt sich um jede Konfrontation und hält eine Diskussion bereits für Streit. Deshalb ist er nervtötend und jedem Erfolgsstreben abträglich, weil zu viel Harmonie jegliche Kreativität abstumpft. Harmonie ist statisch, sie schafft nichts Neues, nur alte Zöpfe. Wer eine so geführte Gruppe zum Leben erwecken will, muss Diskussionen provozieren.

Der Intrigant

Jeder Intrigant ist ein völlig fehlgeleiteter Kreativer. Würde ein Intrigant sein enormes Phantasiepotenzial in eine sinnvolle Arbeit stecken, wäre er sehr erfolgreich. Der Intrigant hat aber – gleich einem boshaften Kind – mehr Spaß daran, das Unglück anderer anzuzetteln und sich die daraus resultierenden Inszenierungen zu betrachten. Intriganten geht man besser aus dem Weg – oder lässt sie (so man die Zeit und das Glück hat, sie auf frischer Tat zu ertappen) auffliegen. Dann heißt es aber, künftig auf der Hut zu sein.

Der Lastenträger
Seine typische Haltung ist ständiges Stöhnen, wie viel Bürden er zu tragen habe und dass alle Arbeit ihm aufgehalst würde. Die Wahrheit ist, dass er seine einzige Daseinsberechtigung und Wichtigkeit geradezu aus der Tatsache der angeblichen Überbelastung bezieht. Der Lastenträger ist das ideale Opfer für alle Kollegen, die sich das Arbeitsleben etwas leichter machen wollen.

Wem das ewige Gestöhne auf den Geist geht, der mache die Probe aufs Exempel und versuche einmal, dem Lastenträger Arbeit abzunehmen. Der Protest wird lauter zu vernehmen sein als das Gestöhne zuvor. Also: einfach weghören.

Der Kumpel
Manchmal ist er ganz einfach ein guter Chef, der nichts von Hierarchiengehabe hält. Meistens aber hat die Sache einen Haken und der Kumpel eine große Schwäche. Er will geliebt werden und daher alles vermeiden, was ihm die Liebe seiner Mitarbeiter vergällen könnte. Wenn es um etwas Unangenehmes geht, wird zuerst vertröstet und verschleppt und danach »toter Mann« gespielt.

Wer einen solchen Kumpel zum Chef hat, muss die berühmten Pferde zwangsläufig mit der nächsthöheren Instanz stehlen.

Der Wichtigtuer
So ein Chef gibt zu allem gefragt, aber meistens ungefragt, seinen Senf. Er ist ständig eilig unterwegs und signalisiert jedem, der es wissen oder auch nicht wissen will, wo und wie dringend sein Rat und seine Unterstützung gefragt sind. Das signifikanteste Erkennungszeichen des Wichtigtuers ist das Handy, in das er ständig und ununterbrochen hineinquasselt. Hier hilft nur: Ausnützen, d. h. Infos abfragen (meistens gibt es aber nichts zu ernten, wer erzählt so einem schon etwas Interessantes?), oder ignorieren.

Mitarbeitertypen – lauter kleine Chefs?

Fast alles, was es über Mitarbeitertypen zu sagen gäbe, haben Sie bereits im vorangegangenen Kapitel über Cheftypen gelesen. Untergebene unterscheiden sich in den Grundzügen und in ihren Anlagen in keiner Weise von denen, die das Sagen haben. Wieso auch? Der Mensch kommt schließlich nicht als Chef zur Welt.

Natürlich wissen wir alle, dass Karriere und Macht korrumpieren können. Damit sind wir aber bei einer ganz allgemeinen Charakterfrage angelangt, die jeden Menschen betrifft. Denken Sie an das Phänomen des viel diskutierten Mobbings. Das geht in den seltensten Fällen vom Chef aus, sondern von ganz normalen Kollegen. Dass Chefs oft insgeheim davon wissen und untätig zuschauen (weil sie konfliktscheu sind oder ihre eigenen Absichten damit verfolgen, indem sie Mitarbeiter »Schmutzarbeit« erledigen lassen), macht die Sache keinesfalls besser.

Dass Machtfragen keine Charakterfragen sind, kann man gut an den vielen Polizeiberufen ersehen. Polizisten müssen genau wissen, wie Kriminelle ticken und agieren, ja sich geradezu in sie hineindenken. Sie könnten also auch Gangster sein oder werden, haben sich aber für die andere Seite entschieden. Eben, weil es eine Charakterfrage ist.

Bert Brecht sagt: »Der Mensch ist gar nicht gut, drum hau ihn auf den Hut«, das ist seine Einschätzung des Lebens. Machiavelli wertet erst gar nicht, er beschreibt einfach, wie die Menschen sind, und bietet seinem Fürsten dadurch schlüssige, aus der Erfahrung gewonnene Handlungsanweisungen zum Machterwerb und Machterhalt. Wer heute so tut, als sei er nur deshalb gegen das so genannte Böse gefeit, weil er kein »Bestimmer« ist, der macht sich etwas vor. Ein ehemals guter, freundlicher Mitarbeiter und Kollege kann ohne weiteres ein katastrophaler Chef werden. Gute, friedliche Nachbarn konnten im Dritten Reich in Blockwartfunktionen über Nacht zu Denunzianten und heimtückischen Feinden werden. Macht korrumpiert also auf allen Ebenen – aber eben nur den, der charakterlich dafür anfällig ist.

Deshalb gilt alles, was über Cheftypen gesagt wurde, in Varianten auch für Untergebene.

WOVOR DER SCHLECHTE CHEF SICH FÜRCHTET

Bisher war in diesem Buch relativ oft von Ängsten die Rede. Das ist nur natürlich, weil sich jeder Mensch vor Verletzungen (seelischen ebenso wie körperlichen) und den damit verbundenen Schmerzen fürchtet. Und überall, wo Menschen auf engen Räumen zusammenleben, lauern Verletzungsgefahren.

Warum, glauben Sie, setzen sich die meisten von uns in einem Restaurant am liebsten mit dem Rücken zur Wand? Auch in Büros sind die Schreibtische so angeordnet, dass man die Tür und damit die Besucher vis-à-vis, also sofort, im Blickfeld hat. Kein Mensch hat das Fremde, Unbekannte, von dem er nicht weiß, ob es Gutes oder Böses bringt, gerne im Rücken. (Dieses Vorsichtsverhalten ist ein Relikt aus der Steinzeit, sozusagen ein Stück Instinkt, der noch heute fest in unser aller Hirn verankert ist.) Das gilt für alle Menschen. Chefs haben noch ein paar zusätzliche Ängste.

Angst vor Kommunikation

Schlechte Chefs fürchten sich vor Kommunikation. (Am ausgeprägtesten findet sich dieses Phänomen übrigens in den Branchen, die von Kommunikation leben – in den Medien; das klingt paradox, ist aber so. Es liegt wohl daran, dass sich dort die meisten Neurotiker versammeln.)

Sicher haben Sie auch schon beobachtet, dass sich Chefs ständig zusammenrotten. Bei Betriebsfesten, Weihnachtsfeiern, offiziellen Veranstaltungen – sie mischen sich höchst selten unters Volk, ja nicht einmal unter die eigenen Gäste, falls es sich um eine größere Veranstaltung handelt, zu der Außenstehende geladen sind. Das hat einen tiefen Grund, den die meisten Chefs wahrscheinlich aber gar nicht kennen, weil sie von Kommunikation – wie gesagt – selten etwas verstehen.

Kommunikation ist in Wahrheit ein Kontrollinstrument. Aber ein nach beiden Seiten offenes. Wer miteinander redet, sich gegenübersteht oder -sitzt und sich dabei ja auch zwangsläufig beobachtet, erfährt vom anderen viel mehr als reine Sachinformationen. Das Bild, das wir uns von einem Menschen machen, setzt sich aus einer Vielzahl von Facetten zusammen und gründet nicht nur darauf, was er uns sagt. Bevor ein Politiker in den Wahlkampf zieht oder Firmenchefs vor Bankern ihre Firmen für einen Gang an die Börse präsentieren, absolvieren sie aus gutem Grund eine Art Schauspielerausbildung. Gute Rhetorik ist dabei nur ein Teil des Könnens. Aussehen und Kleidung, also optische Präsentation – vom Haarschnitt über die Brille bis zum Anzugstil – ein weiterer, aber ebenfalls nur ein Teil. Auf die Gesten kommt es an. Wann wird gelächelt, wann hebt man irritiert die Augenbrauen, was tun die Hände, wann wird die Stimme leiser ... alle diese Dinge tragen dazu bei, einem Menschen und seinen Absichten Gewicht zu verleihen und ihm die Sympathie derjenigen zu sichern, die er für sich gewinnen will.

Soweit geht die Manipulation und Darstellerei bei normalen Chefs nicht. Aber dennoch – auf zu nahen Kontakt mit ihren Arbeitnehmern lassen sie sich außerhalb der gewohnten Alltagsroutine ungern ein. Da könnte man durch harmlos-naive Fragen überrumpelt werden und Dinge von sich verraten, die man nicht verraten will. Sogar Zurückhaltung oder Schüchternheit könnte einem ja übel ausgelegt werden. Schlechten Chefs ist es eben nicht gleichgültig, wenn sie ein Image bekommen, das von dem abweicht, das sie selbst sich zurechtgebastelt haben. Und deshalb bleiben sie lieber unter sich. Kommunikationsgestörte Chefs sind, firmenintern betrachtet, »fremdenfeindlich«.

Noch einmal: Kommunikation ist ein gegenseitiger Kontrollmechanismus. Jedes Papier, das einem Manager vorgelegt wird, dient ihm zur Kontrolle der Sache, die das Papier zum Inhalt hat, und der Person oder Gruppe, die es erstellt hat. Aber auch umgekehrt. Der oder die Verfasser beobachten ja auch den Chef. Was macht er mit den Informationen, wie reagiert er auf das erarbeitete Papier, welche Entscheidungen trifft er? Die Verfasser solcher Papiere sind auf ihrem Gebiet Spezialisten, wissen auf jeden Fall zum Zeitpunkt der Vorlage mehr als der Chef. Wenn sie wach sind und interessiert, haben sie sich wahrscheinlich auch schon Gedanken gemacht, welche Entscheidung der Chef – ihrer Meinung nach – treffen sollte. Das ist auch einer der Gründe, weshalb viele (schlechte) Chefs so ungern ausführliche Papiere (trotz des immer vorhandenen Fazits) lesen. Denn dann sind zwangsläufig Entscheidungen fällig und damit »die Angst des Tormanns vorm Elfmeter«. Aber davon reden wir noch.

Eine Firma, in der sich alle über mangelnde Kommunikation beklagen, leidet also unter einem Mangel an natürlicher, gegenseitiger Kontrolle. Sie befindet sich im Chaos und ist nicht lernfähig. Von funktionierender Kommunikation hängen Erfolg oder Misserfolg jeder Firma ab. Alles, was in einem Unternehmen geschieht, hat Reaktionen zur Folge, vergleichbar einem lebendigen Organismus. So wie ein Igel sich zusammenrollt, wenn man ihn berührt, Blumen den Kopf hängen lassen, wenn man sie nicht gießt und Rosenstöcke nicht blühen, wenn man sie nicht rechtzeitig zurückschneidet.

Wenn man davon ausgeht, dass Kontrolle zwar ein negativ besetztes Wort, aber zunächst ja nichts anderes ist als ein Vergleichen von Unterschieden und ein Registrieren von Reaktionen, aus deren Feststellung Schlüsse gezogen werden können (sollten, müssten), ist mangelnde oder gar unterbundene Kommunikation eine Todsünde des Managements. So entsteht Stillstand. So wie aus Angst, gegen die man nichts unternimmt, immer Stillstand entsteht.

Angst vor Entscheidungen

Das Wort »Ent-Scheidung« signalisiert deutlich, was es mit der damit verbundenen Sache auf sich hat: Man muss sich vom Falschen trennen, das Richtige vom Verkehrten scheiden. Jeder Koch und jede Köchin weiß, dass man Eischnee nur erzeugen kann, wenn man den Dotter vom Eiweiß trennt. Wer diese beiden Komponenten nicht auseinander hält, wird sein Soufflé niemals auf den Tisch bringen. Eigentlich nicht schwierig, nur wissen muss man es – zumindest, wenn man Koch ist.

Die richtigen Entscheidungen in einer Firma zu treffen, ist zugegebenermaßen etwas schwieriger und hat unvergleichbar weiter reichende Folgen, als missglückte Salzburger Nockerl hätten. Aber Chefs sind nun einmal dafür da, im Rahmen ihrer Führungsaufgaben Entscheidungen zu treffen. So wie sich ein Koch nicht fürchten darf, eine Eischneemasse in der richtigen Konsistenz herzustellen, so darf ein Chef keine Angst davor haben, anstehende Firmenentscheidungen zu treffen, denn dafür wird er ja schließlich (unter anderem) bezahlt. Es ist sein Beruf, genau das zu tun. Und doch ist Entscheidungsschwäche heute das Ärgernis Nummer eins in vielen Firmen. Falsche Entscheidungen kommen erst als Kritikpunkt Nummer zwei. Wobei beides meist eng miteinander verknüpft ist.

Woher kommt diese Unfähigkeit von Chefs, diese ihre Aufgabe angstfrei zu erfüllen? Viele Manager glauben, Führung könne man lernen. Das ist kein Wunder, denn es gibt genügend Institutionen, Wirtschafts- und Manage-

mentschulen, die diesen Irrglauben verbreiten. (Sie leben ja schließlich davon!) Aber Menschen zu führen und die richtigen Entscheidungen zu treffen, setzt etwas nicht Lernbares voraus:
- Begabung
- eine natürliche (und eben keine angelernte) Autorität und vor allem
- Charisma

Eine Prise Demut wäre nicht von Schaden, aber leider ist dieses Gewürz aus den Regalen der Chefküchen unwiederbringlich verschwunden.

In dem Irrtum befangen, Führungs- und Entscheidungsträgerschaft könne man sich erpauken, werden die künftigen Bosse direkt von den Managementausbildungszentren abgeschöpft und in die Konzernzentralen gesteckt, wo sie auf Praxistauglichkeit getrimmt werden sollen. Meistens von Leuten, die denselben Weg – also die direkte Einflugschneise von oben – genommen haben.

Fernab von den Ideen, Produkten und vor allem den Menschen, die jene Werte schaffen, die diese mit Theorie vollgestopften Jungdynamiker verwalten. Sie sind noch nie durch eine Produktionshalle gegangen, sie haben keine Ahnung, was es heißt, am Fließband zu arbeiten, es interessiert sie oft nicht im Geringsten, woher das kommt, wovon auch sie leben.

Sind sie dann schließlich selbst Bosse geworden, kennen sie alles, was das Unternehmen betrifft, für dessen Wohl und Wehe sie verantwortlich sind, aus Papieren,

Zahlen und noch mehr Papieren. Die Angestellten werden zur »Human Resource«, einer ewig sprudelnden »Rohstoffquelle« (die allerdings zu viel Kosten verursacht). Dieser kalte, menschenverachtende Prozess spielt sich ab in einer Wirtschaftswelt, die immer schneller rotiert, hysterisch angeheizt durch Schlagwörter wie »Globalisierung« und »Shareholder Value«. Leute, die hier Entscheidungen zu treffen haben, agieren wie Blinde, die Farbe verkaufen sollen. Und das kann – zumindest denen, die sich noch ein bisschen Sensibilität bewahrt haben – schon Angst machen. Zudem werden die Zeiten immer härter, und manch einer muss fürchten, selbst zu stürzen. Reinhard Mohn, Deutschlands erfolgreichster Nachkriegsunternehmer, hat das Wort von der »Arroganz der Manager« geprägt. Führungskräfte, die dieser Arroganz verfallen, werden spätestens dann gefährlich für ihr Unternehmen, wenn die schon oben zitierten »harten Zeiten« eintreten. Dann mehren sich nämlich widersprüchliche Informationen, und Big Boss ist – zumindest insgeheim – verunsichert.

Aber wie soll ein Chef, der nicht weiß, was real hinter dem potemkinschen Dorf seines Zahlen- und Zettelwerks steht, denn überhaupt entscheiden? Zumal er sich längst mit Jasagern und Speichelleckern umgeben hat, weil er Widerspruch in seiner gottgleichen Selbstgefälligkeit nicht erträgt. In diesen Situationen werden oft zu lange gar keine Entscheidungen getroffen – egal, wie dringend sie auch wären. Was sich lähmend von oben nach unten, durch alle Chefetagen, zieht. Bis die Bombe ganz unten einschlägt und das ganze Schlamassel in Entlassungen endet.

Peter Handkes berühmter Romantitel *Die Angst des Tormanns vorm Elfmeter* bringt die Chefangst vor Entscheidungen bildlich wunderbar auf den Punkt. (Obwohl Fußballkenner wissen, dass der Tormann weniger Angst hat als der Spieler, der den Elfmeter schießen muss. Denn dessen Chancen sind von vornherein größer als die des Keepers, sein Tor sauber zu halten. Deshalb wäre sein Versagen auch blamabler.) Der Chef, der eine Entscheidung zu treffen hat, befindet sich ein bisschen in der Situation beider Spieler. Alle Blicke sind auf ihn gerichtet, von ihm hängt in diesem Moment alles ab. Und davor haben viele Chefs Angst: Hier wird vor aller Augen sichtbar, ob sie Chefs sind oder nur Chefdarsteller.

Angst vor Emotionen

Sicher haben Sie sich schon manchmal gefragt, weshalb Politiker scheinbar alles können. Einer, der Verkehrsminister war, ist nach einer Wahl plötzlich Umweltminister; ein Verteidigungsminister hat offenbar kein Problem damit, unvermittelt dem Familienministerium vorzustehen. Ist doch merkwürdig, oder? Es mutet ein bisschen so an, als könne der Personalchef einer Firma problemlos die Leitung der Werbeabteilung übernehmen oder der Vertriebsleiter das Controlling. Des Rätsels Lösung ist ganz einfach – das Ganze hat etwas mit Emotionen zu tun, die mittels Inszenierungen erzeugt werden.

Politiker müssen nichts von dem Sachgebiet verstehen, das sie dem (Wahl-)Volk gegenüber repräsentieren, dafür sind die Staatssekretäre mit ihren Stäben da. Sie sind die Fachleute im Hintergrund. Politiker müssen lediglich Eigenschaften haben, die ihnen das Vertrauen der Bevölkerung einbringen. Wie sie etwas sagen und in den Medien – vor allem im Fernsehen – »rüberbringen«, ist wichtig. Was sie sagen (sollen), haben ihnen die Staatssekretäre und ihre Stäbe mundgerecht aufbereitet.

So gesehen sind Minister die Presse- und Öffentlichkeitsarbeiter ihrer Partei und ihrer eigenen Staatssekretäre. Sie haben deren Weisheiten – in Kurzform – auswendig gelernt. Das ist auch der Grund, weshalb aufmerksame Beobachter des politischen Geschehens von den meisten Ministern zu bestimmten Themen immer wieder die vorgestanzten, fast wortwörtlich gleichen Statements hören. Nur die Klügeren und Raffinierteren unter ihnen sind in der Lage, die vorgekauten Inhalte beim »Vorsprechen vor dem Volk« zu variieren. Und es ist tatsächlich wie bei Schauspielern auf der Bühne – nur die besten Darsteller, die ihre Rolle am glaubwürdigsten spielen und sprechen, kommen bei uns an, erreichen unsere Emotionen.

Wem das gelingt, wem man aufgrund seiner gesamtkünstlerischen Aufführung glaubt, was ihm aufgetragen wurde zu sagen, der bekommt am Wahltag ein Kreuzchen hinter seinem Namen und seiner Partei. So wird Sein oder Nichtsein zu einer Frage geschickter emotionaler Manipulation. Auf diese Weise werden Menschen dazu erzogen, mehr auf Formen und nicht so sehr auf Inhalte zu achten.

Das Medium Fernsehen (»Eine letzte Frage, ich bitte um eine kurze Antwort, unsere Sendezeit geht zu Ende ...«) leistet diesem Emotionsspektakel aufgrund seiner Struktur auf ideale Weise Vorschub.

Die Emotionen, von denen Politik lebt, sind in Firmen – zumindest in den Bereichen, in denen operativ gearbeitet wird – ungern gesehen. Topmanager hingegen haben die PR-Strategien der Politik anscheinend übernommen. Denken Sie nur an die aufwändig inszenierten Aktionärsversammlungen oder die »Roadshows«, das »Vortanzen« von Firmenbossen bei Bankern vor einem angestrebten Börsengang. Bei den Absichten, die sie damit verfolgen – nämlich manipulative –, durchaus verständlich, denn auch sie sind ja weit weg vom tatsächlichen Firmengeschehen und haben in Wahrheit meist keine Ahnung, was in ihren Unternehmen tatsächlich genau abläuft.

Aber diejenigen Chefs, die mit ihren Leuten das Geld erwirtschaften müssen, das von den Big Bossen dann um die Erde gejagt wird, die fürchten sich vor Emotionen. Daran haben auch populärwissenschaftliche Bestseller über emotionale Intelligenz und Schlagwörter wie »soziale Kompetenz« nicht viel geändert. Emotionen haben im Geschäftsleben nichts zu suchen, heißt von jeher die Devise. Das wird jedem BWL-Studenten mit der betriebswirtschaftlichen Muttermilch eingeflößt. Und das ist im Prinzip auch richtig, in der Praxis aber mit lebendigen Menschen nicht durchführbar. Menschen sind keine pawlowschen Hunde, zumindest dann nicht, wenn sie seelisch noch halbwegs gesund sind. (Obwohl Eltern, Erzieher und

Ausbilder – und auch genervte Chefs – das ganz gerne hätten.) Emotionen stören das Gleichmaß und die Berechenbarkeit von Routine. Explodierende Vorgesetzte und beleidigte, gekränkte Mitarbeiter komplizieren den Gang der Dinge, und emotionales Krisenmanagement kostet Zeit – und die wiederum Geld. Es soll möglichst alles unten bleiben, was man an Staub zu schlucken bekommt auf der Landstraße der täglichen Arbeitsroutine.

Es gibt heute Personalchefs, die sortieren – in Absprache mit Geschäftsleitungen – im Vorfeld schon alle Bewerber aus, die Ecken und Kanten in ihrer Persönlichkeit vermuten lassen. Vermutete »Widerspruchsgeister« (also mitdenkende, wache, couragierte und interessierte Mitarbeiter) werden zugunsten von Angepassten erst gar nicht angestellt. Sind sie jedoch schon »drin«, werden sie vom planenden Firmengeschehen fern gehalten, wo immer es geht. Leidenschaftliches Engagement wird gefürchtet, wie der sprichwörtliche Teufel das Weihwasser fürchtet. So wie viele Ärzte ihren Patienten nicht wirklich helfen können, weil sie wenig Ahnung von Psychologie und noch weniger Einfühlungsvermögen haben, so bringt die Angst vor Emotionen Firmen um exzellente Mitarbeiter (und damit Erträge).

Wir sollten zur Verdeutlichung wieder einen Blick auf die heute gängige Sprache werfen: Der moderne Personalchef heißt nicht mehr Personalchef, sondern »Head of Human Resources«. Im wörtlichen Sinn heißt das »Chef der menschlichen Rohstoffquellen«. Das ist es, was wir heute offenbar sein sollen. Nur unangenehm, dass dieser

Rohstoff mit Emotionen »verunreinigt« ist. Vielleicht ist das mit ein Grund, weshalb der Produktionsroboter erfunden wurde?

Ein Roboter würde vielleicht auch auf diesen nahe liegenden Gedanken nicht kommen: Ein Chef wird als Arbeitgeber bezeichnet. Das ist aber eigentlich eine völlig falsche Benennung, denn er nimmt doch die Arbeit seiner Mitarbeiter (an sich). Also sind Sie und ich die Arbeitgeber und die Chefs die Arbeitnehmer. Haben Sie sich das schon einmal überlegt? Diesen Gedanken zu Ende gedacht, müsste es in den Nachrichten heißen: In der Bundesrepublik sind derzeit über vier Millionen Arbeitgeber arbeitslos gemeldet ...

Zugegeben, dieses Sprach- und Gedankenspiel ist nicht ganz emotionsfrei. Ahnen Sie jetzt, weshalb Chefs Emotionen nicht mögen?

ZEHN GEBOTE, UM DEN PSYCHOSTRESS IN DER FIRMA ZU ÜBERLEBEN

Als wir auf die Welt kamen, hat den meisten von uns niemand einen Rosengarten versprochen. Aber es hindert uns auch niemand daran, uns selbst einen anzulegen. Das heißt auf unser Chefproblem übertragen: Eine berufliche Beziehung zu gestalten, macht genauso viel Mühe wie eine private. Und es gibt Regeln dafür. Sie sind aber das Handwerkszeug, noch nicht die Lösung. Tun muss es jeder selbst. Dass das notwendig, wenn auch nicht so einfach ist, zeigt diese Sufi-Weisheit:
Ein Mann besucht einen Bildhauer und bewundert einen wunderbaren Marmorlöwen, den der Künstler gerade fertig gestellt hat. Er fragt den Meister: »Wie machen Sie das nur? Das ist doch furchtbar schwer?« Der Bildhauer lächelt: »Gar nicht. Ich nehme einen Marmorblock in der richtigen Größe und schlage mit Hammer und Meißel alles weg, was nicht nach Löwe aussieht.«

Niemand ist eine Insel

Genauso zutreffend ist auch der Satz »Nobody is perfect« aus *Manche mögen's heiß*. Wenn man diese Tatsache akzeptiert, kommt man erst gar nicht in Gefahr, zu glauben, Probleme am Arbeitsplatz schnell und dauerhaft lösen zu können. Meistens ist es sogar so, dass ein gelöstes Problem zwei neue hervorbringt. Das sollte Sie nicht beunruhigen und schon gar nicht verzweifeln lassen, sondern eher Ihre Sinne schärfen. Das Spannende am Leben sind doch nicht die Ziele, sondern die Wege dorthin. Das Spannende an einem Buch oder Film ist doch auch nicht der Schluss, die Auflösung, sondern die Zeit, die man beim Verfolgen der Geschichte – auf dem Weg zum Schluss – verbringt. Das ist zwar eine recht simple Erkenntnis, über die sich die meisten Menschen aber dennoch nicht klar sind. Ärger am Arbeitsplatz, Ärger mit dem Chef bedeutet nichts anderes, als dass zwei Menschen etwas falsch (miteinander) machen. Die Betonung liegt auf *zwei*. Sie haben richtig gehört: Ein miserabler Chef ist die eine Sache; sich die entsprechenden Auswirkungen gefallen zu lassen, die zweite. Wer sich schlecht behandeln lässt, ist selbst schuld: Der hat sich nichts einfallen lassen, um sich zu wehren. Angelehnt an die zitierte Sufi-Weisheit, gibt es bei den hier angekündigten zehn Geboten zunächst drei *Ver*bote. Was Apostel Paulus im religiösen Zusammenleben als unerlässliche Haltungen benennt – Glaube, Liebe, Hoffnung –, hat im Berufsleben eher nichts zu suchen.

1. Du sollst nicht glauben

Denn glauben heißt: nicht wissen. Ich gehöre nicht zu denen, die Intuition, Ahnungen und Kribbeln im Bauch (»Ich hab da so ein Gefühl!«) gering schätzen – eher im Gegenteil. Wir sind mit diesen Instinkten nicht ausgestattet worden, um es dabei zu belassen, sondern um mit Hilfe dieser Phänomene reagieren zu können. Wenn man Blicke im Rücken »spürt«, dreht man sich ganz automatisch um, auf der Suche nach demjenigen, der so intensiv auf uns schaut. Meistens hat einen das Gefühl nicht getrogen, und man kann seinen Beobachter ausmachen. So hat das Gefühl geholfen, eine reale Ursache festzustellen. Etwas anzunehmen, also lediglich zu glauben, darf nichts anderes als eine Art Warnsignal sein. Der Anlass zur Überprüfung. Wer nur glaubt, verhält sich passiv. Wer es dabei belässt, will die Wahrheit gar nicht wissen; der will eine Ausrede haben, um an Vorurteilen festhalten zu können, nicht denken und agieren zu müssen. Leute, die glauben, aber nicht wissen wollen, gefallen sich in der Opferrolle.

2. Du sollst nicht hoffen

Hoffnung ist die Gewissheit der Hilflosen, sagt ein zynisches Sprichwort. Es ist leider wahr. Es gibt nicht nur in der Dritten Welt genügend arme Teufel, denen nichts als Hoffnung bleibt, weil ihnen alle Möglichkeiten des Agierens versperrt sind. Umso verachtungswürdiger sind diejenigen, die sich im Rahmen eines verhältnismäßig geordneten Arbeitssystems auf die Kategorie Hoffnung zurückziehen. Lediglich auf Besserung zu hoffen, statt etwas zu tun, heißt, sich selbst Hirn und Hand zu fesseln. Solange man sich in einem System befindet, als Teil eines solchen, hat man Funktionen inne, und diese wiederum haben nicht nur Pflichten zur Folge, sondern auch Rechte.

Zudem bieten geschlossene Systeme (Firmen) den Schutz und die Vorteile der Gemeinschaft. Und damit natürlich jede Menge Möglichkeiten der Kommunikation und des Handelns.

Damit es keine Missverständnisse gibt: Hoffnung ist nichts Schlechtes – ganz im Gegenteil. Wer Ernst Blochs berühmtes Buch *Das Prinzip Hoffnung* liest, erfährt Faszinierendes über die Kraft von Phantasie und Kreativität, die aus der Hoffnung erwächst. Sie kann die Welt verändern und bewegen – wenn, ja wenn sie sich mit Tatkraft verbindet. Tagträumereien zu erliegen, hat eben meist gar nichts zur Folge. Wer hofft, dass die Hoffnung das Handeln ersetzen kann, der hofft vergebens. Hoffnung darf nicht die Ausrede für Antriebsschwäche und Mutlosigkeit sein.

3. Du sollst deinen Chef nicht lieben

In diesem Fall ist nicht die amouröse Liebe gemeint – das wäre ein anderes Buch. Außerdem ist gegen diese Art der Liebe ohnedies kein Kraut gewachsen, und wo sie hinfällt, ist jeder Rat vergebens.

Ich meine die neurotische Liebe, die, bei der jeder Chef zum Objekt wird. Im Kapitel *Cheftypen* ist unter dem Stichwort *Der Neurotiker* schon davon die Rede gewesen. Falls Sie der Deckel auf dem dort beschriebenen Topf sein sollten, dann wäre es an der Zeit, über Ihre wahren Bedürfnisse nachzudenken.

Man kann sich glücklich schätzen, wenn man einen Chef hat, den man aufgrund seiner Art und seiner Verhaltensweisen mögen kann. Ein guter Chef kann (und sollte) geschätzt und respektiert werden. Man kann ihn im Sinne einer Vorbildfunktion vielleicht sogar (aber bitte in Maßen!) bewundern. Da befinden wir uns jedoch schon scharf an der Grenze dessen, was einem Mitarbeiter gut tut. Bewunderung geht schon sehr in Richtung des Idealisierens – und das wäre fatal. Jede Idealisierung eines Vorgesetzten macht unkritisch und abhängig. Mitarbeiter, die in solche selbst gestellten psychologischen Fallen tappen, sollten sich über den Grund dafür im Klaren sein.

In Wahrheit enthebt einen jede Art von Idealisierung ein Stück weit der Verantwortung der eigenen Leistung gegenüber: Wenn einer *so* gut ist, bastelt sich manch ein Mitarbeiter schon die Ausrede dafür, dass er selbst diese Qualität nie erreichen wird. Statt herauszufinden – durch Beobachten, Analysieren und ganz normales, unbefangenes Nachfragen –, *wie* der Vorgesetzte was warum wie macht, z. B. aufgrund welcher Erfahrungen, nimmt man einfach an, dass man selbst diese Eigenschaften und Leistungen nie erwerben und erbringen kann. Auch das ist eine Flucht vor dem selbstständigen Handeln. Denn Probieren geht nicht nur über Studieren, sondern man muss auch wissen: Genies sind selten auf der Welt. Bewunderung, Idealisierung oder gar die neurotische Form des »In-Liebe-Entflammtseins« für den Chef sind leider oft Ausreden, um sich nicht selbst auf den Weg machen zu müssen, aus sich selbst das Allerbeste an Können herauszuholen.

Dieses »Liebesspiel« ist nicht ungefährlich für alle Beteiligten: Die meisten Chefs gehen mit in diese Falle – denn wer möchte nicht geliebt werden? Den Nachteil haben alle. Der Chef, weil sich seine Mitarbeiter nicht weiterentwickeln, und die Mitarbeiter, weil sie sich freiwillig mit der zweiten Liga zufrieden geben.

4. Du sollst Offenheit praktizieren

Nichts ist so schwierig, wie die richtige Balance zwischen Reden und Schweigen zu finden. Ein Großteil aller Konflikte auf der Welt ist darauf zurückzuführen, dass diese Ausgewogenheit gestört ist. »Das rechte Wort zur rechten Zeit« zu finden, ist eine Sache von Erfahrung und emotionaler Intelligenz. Und eine dringend erforderliche Notwendigkeit, weil Kommunikation ohne ein gewisses Maß an Offenheit nicht funktioniert. Nur, was ist das gewisse, das richtige Maß?

Wie schwer sich die Menschen heutzutage mit Offenheit tun, kann man ganz einfach an den Wortungeheuern erkennen, die im Sinne von angeblicher politischer Korrektheit ständig erfunden werden. Den Reden eines Politikers oder Wirtschaftsbosses im Fernsehen folgen zu wollen, um den Sinn einer Aussage zu erfassen, gleicht manchmal einem geistigen Hürdenlauf. Da hat man plötzlich »Gesprächsbedarf« statt zu sagen, dass bisher versäumt wurde, miteinander zu reden bzw. sich zu informieren.

Wissen Sie, was das Wort »Gewinnwarnung« bedeutet? Man könnte meinen, da wird vor zu hohen Gewinnen gewarnt, die eine Firma noch irgendwie rechtzeitig vor dem Fiskus in Sicherheit bringen muss. Irrtum, es bedeutet in Wahrheit, dass Verluste zu erwarten sind. Warum nennt man die Sache also nicht Verlustwarnung? Weil das Wort »Verlust« im Geschäftsleben nicht gerne benutzt wird (»rote Zahlen« sind ja auch schon ein Ausweichen vor dem Wort »Verlust«) und weil es sich an der Börse psychologisch gar nicht gut macht. Das Wort »Verlust« törnt ab. Kluge

Menschen durchschauen diese Spiele, die nicht so aufmerksamen fallen darauf herein. Das Ergebnis ist immer Vertrauensverlust. Es hat ganz konkrete Gründe, weshalb allgemeine Politikverdrossenheit herrscht und die meisten Menschen den Medien und der Wirtschaft misstrauisch gegenüberstehen. »Die da oben tun ja sowieso, was sie wollen« oder »Die lügen doch, wenn sie den Mund aufmachen« sind vorherrschende Meinungen.

Im eigenen Berufsumfeld sollte man sich auf solche Verschleierungstaktiken möglichst nicht einlassen. Offen und klar zu formulieren, was man sagen und wissen will, erleichtert die Zusammenarbeit, spart Zeit und fördert die Möglichkeit, sich gegenseitig richtig einzuschätzen.

Natürlich ist Offenheit nicht mit Redseligkeit zu verwechseln. Niemand ist daran interessiert, schon in der ersten Arbeitswoche Ihre gesamten Familienverhältnisse zu erfahren, und es ist keinesfalls (wenn überhaupt) angebracht, jeden Klatsch und jedes Gerücht sofort weiterzutragen. Genauso wenig ist Offenheit mit Unsensibilität oder gar Brutalität zu verwechseln. Auf eine Zumutung sollte man nicht mit den Formulierungen reagieren, die einem als Erstes durch den Kopf schießen: »Sie spinnen wohl ...« oder »Kommt ja gar nicht in Frage« ist zwar offen, aber nicht geschickt; »Damit habe ich ein Problem, weil ...« ist genauso offen, verletzt aber den anderen nicht bzw. gibt ihm keine Gelegenheit, Sie als Aggressor zu betrachten.

Sätze, die beginnen mit Formulierungen wie »Ich sage mal ...« sind gruselig. Sie signalisieren, dass sich der Redner eine Hintertür offen lassen will, dass er auf das, was darauf folgt, nicht festgenagelt werden will. Sätze, die so beginnen, können Sie vergessen. Und auch Formulierungen wie »ehrlicherweise«. Die Ehrlichkeit wird nur von Menschen zitierend bemüht, die Erfahrung mit dem Lügen haben.

Den richtigen Umgang mit Offenheit und Zurückhaltung zu lernen, ist das wichtigste Gebot im Berufsleben. Und nicht nur da.

5. Du sollst mutig sein

Mut ist ein großes Wort und bezeichnet eine Eigenschaft, die sicherlich zu keiner Zeit weit verbreitet war. Nur, so mutlos wie heute, scheint mir, waren die Menschen noch nie. Vor allem diejenigen, auf die alle schauen – in unserem Fall in den Unternehmen, wir reden ja von Problemen mit den Chefs –, also die Führungspersönlichkeiten, sind zu einem Angst machend hohen Prozentsatz feige. Wer sich vor Kommunikation, vor Entscheidungen und vor Emotionen fürchtet, ist nicht gerade der strahlende Held, der seinen Mitarbeitern ein Vorbild sein kann.

Dieser Mangel an Mut, vor allem im so genannten mittleren Management, ist genau genommen der Grund und Anlass für mich gewesen, dieses Buch zu schreiben. Über die Folgen von Feigheit und Unentschlossenheit in Firmen war bisher schon mehrfach die Rede. Die schlimmste Auswirkung ist jedoch, dass sie Unprofessionalität und Desinteresse nach sich ziehen. Das hat nicht »nur« negative Auswirkungen auf Einzelne, sondern wird auf Dauer die Qualitätseinschätzung dessen beschädigen, worauf die

Europäer, speziell die Deutschen, immer so stolz waren: »Made in ...« Leute, die lustlos arbeiten, werden keine besonders innovativen Ideen produzieren.

Aber was ist eigentlich Mut im Berufsleben? Viele verwechseln es mit Arroganz. Die beruht auf der Verachtung der anderen. Ursachen dafür sind ausschließlich negative: entweder Unsicherheit, die mit Überheblichkeit verdeckt werden soll, oder gnadenlose Selbstüberschätzung. Ein wirklicher Könner hat Arroganz nicht nötig.

Andere wiederum glauben, Forschheit, die bis hin zur Frechheit gehen kann, sei ein Zeichen von Mut. Kann es zwar sein, ist aber ebenfalls vorwiegend ein Überspielen von Unsicherheit. Dann gibt es noch das Verhalten, das wir alle als »dummdreist« kennen. Kollegen, die diese Nummer draufhaben, können ihre Umgebung zur Verzweiflung bringen. Dummheit alleine geht ja schon oft an die Schmerzgrenze. Das Ganze auch noch gepaart mit Dreistigkeit und Arroganz, bringt das sanfteste Lamm auf Mordgedanken. Also, das alles hat mehr mit Flucht nach vorn (aus Angst), schlechtem Benehmen und Unfähigkeit zur Selbsteinschätzung zu tun. Aber nichts mit Mut.

Wenn Sie sich an die Märchen Ihrer Kindheit erinnern, kommen wir der Sache schon eher auf die Spur. Da waren doch die Königstöchter, die immer nur den heiraten wollten, der drei ziemlich vertrackte Rätsel lösen konnte oder der drei noch vertracktere Abenteuer bestand. Silberne Äpfel waren da zu besorgen aus dem Garten des grausamen Zauberers, Schlangennester barfuß zu durchlaufen oder bösartige Drachen mit immer wieder nachwachsenden, feuerspeienden Köpfen zu besiegen. Am Ende winkten nicht nur die Hand der Prinzessin und der Königsthron; meistens stellte sich auch heraus, dass die Rätsel und die Abenteuer nicht mit todesmutigem, blindem Dreinschlagen gelöst werden konnten, sondern mit List, einem überlegten Plan. Es haben immer die gesiegt, die nicht dem erstbesten Impuls folgten, sondern die nachgedacht und sich schlau gemacht haben, die den Trick hinter der Aufgabe erkannten und dann ihrer eigenen Erkenntnis vertraut haben.

Mut kommt immer dann zustande, wenn Erkenntnis mit Selbstvertrauen und Tatkraft zusammentrifft. Die Erkenntnis, also das Wissen um eine Sache, ist aber die Basis. Wer Mut erlangen will, muss denken lernen (und Spaß daran haben). Und wer denkt, wird auch die Angst vor Niederlagen oder Blamagen nach und nach verlieren. Jede Niederlage ist doch nichts anderes als eine Lernetappe auf dem Weg zum Sieg. Jede Blamage ein sichtbar gewordener Fehler, den man so sicher nicht noch einmal machen wird. Wer zu viel Angst vor Fehlern und Niederlagen hat, wird niemals Erfolg haben können. Belassen Sie es niemals bei Gefühlen. Sie sind wichtig und unerlässlich, Warnlichter und Leitplanken zugleich. Aber nach dem Gefühl hat der Verstand einzusetzen. Wenn der seine Arbeit getan hat, kann er mit dem Gefühl (in dem Fall Selbstvertrauen) eine Symbiose eingehen, und Sie können handeln.

Warum, glauben Sie, gibt es so viele Menschen, die in Geschichten – sei es im Roman oder im Film – ausgerechnet den Verlierer in ihr Herz schließen? Der Mann, der den Mantelkragen hochschlägt und durch den Regen davongeht, die Frau, die ihre Koffer in den Zug hebt und abfährt ... Diese Hinwendung zu den Losern liegt nicht nur daran, dass uns allen das Verlieren vertrauter ist als das Gewinnen: Der Verlierer hat eine neue Chance. Der Sieger hatte sie schon.

Und ein weiterer, ganz wichtiger Sympathiepunkt: Der Verlierer mag für diesmal besiegt sein. Aber er hat sich vor seinen Widersachern (oder dem Leben) nicht in den Staub geworfen, sich nicht erniedrigt, ist keinen faulen Kompromiss eingegangen. Gute Verlierer sind stolz und integer. Sie sind die künftigen Sieger. (»Morgen ist ein neuer Tag!« – erinnern Sie sich?)

Warum also haben Sie Angst, Ihre Meinung zu sagen (wenn Sie sich eine gebildet haben)? Warum drücken Sie sich davor, ein unangenehmes Gespräch mit Ihrem Chef zu führen (wenn Sie zuvor Ihre Argumente sortiert und überlegt haben)? Was kann schon passieren? Es kann sich herausstellen, dass Ihre Meinung falsch ist, weil Sie einige Fakten nicht wussten oder übersehen haben. Es kann sein, dass Ihr Chef die besseren Argumente hat. Sie werden es erfahren. Ihr Gegenüber hat Sie gehört und muss in irgendeiner Form reagieren. Überlegtes Agieren ist allemal interessanter und aussichtsreicher, als unvorbereitet reagieren zu müssen.

»Über den eigenen Schatten zu springen« ist eine merkwürdige Redensart, weil es ganz offensichtlich ist, dass das nicht funktionieren kann. Wenn Sie sich aber überlegen, woher Feigheit kommt – nämlich aus Angst vor den anderen (was werden sie sagen, denken, tun?) –, dann wird es vielleicht klarer: Es geht nicht darum, über den eigenen, sondern über den Schatten der anderen zu springen.

Zugegeben, je weiter die Chefs in der Hierarchie nach oben gekommen sind, desto länger sind die Schatten, die sie werfen. (Aber vergessen Sie nicht: Wenn die Sonne des Könnens niedrig steht, werfen sogar Zwerge lange Schatten, um ein Wort von Karl Kraus abzuwandeln.)

6. Du sollst interessiert und neugierig sein

Neugierde oder besser Wissbegier sind diejenigen Eigenschaften, die im Berufsleben die meiste Freude machen, weil sie immer mit Geschichten verbunden sind. Für einen Firmenneuling muss (oder sollte) es doch äußerst spannend sein zu erfahren, wie das oder die Produkte zustande kommen, von deren Erlös sein Lohn oder Gehalt gezahlt wird. Völlig egal, in welcher Abteilung er tätig ist. Wer Erfolg und vor allem Befriedigung in seiner Arbeit finden will, muss den Kopf über den Tellerrand seines engsten Umfelds heben. Er muss wissen wollen, wie das, was er selbst tut, mit den anderen Teilen der Firma verknüpft und verbunden ist. Wer sich nicht dafür interessiert, welche Auswirkungen seine eigene Arbeit auf die Tätigkeit der Kollegen der eigenen und anderer Abteilungen hat, wird den Rhythmus und den ganz besonderen Pulsschlag der Firma nie begreifen. Jedes Unternehmen hat etwas Unverwechselbares, Individuelles – von außen betrachtet, ist es als Image zu bezeichnen, von innen als Betriebsklima.

Wer dafür kein Gefühl entwickelt, spielt ein Nullsummenspiel: Er grenzt sich selbst aus, weil er das äußerst wichtige Gefühl, Teil eines Ganzen zu sein, nicht entwickelt, das für Arbeitszufriedenheit unerlässlich ist. Und das Unternehmen bekommt nicht mehr als das, wofür es bezahlt. Man könnte einwenden, dass ihm auch nicht mehr zusteht. Das ist zwar richtig, aber dennoch nicht die Realität.

Firmen, in denen die Beschäftigten lediglich das tun, was sie sollen, mögen »funktionieren«. Aber wirklich auf Dauer erfolgreich sind ausschließlich Unternehmen, in denen Mitarbeiter mehr tun als ihre Arbeit. Dieser Mehrwert für jedes Unternehmen besteht aus Freude, Begeisterung und Stolz: Wer auf den Straßen Autos der Marke sieht, die aus dem Konzern kommen, für den er arbeitet, wird (oder sollte) sich freuen. Ich bin immer entzückt, wenn ich auf dem Flughafen oder im Zug Leute sehe, die Bücher aus unseren Verlagen lesen, und so wird es sicher auch jedem Hotelangestellten gehen, wenn er in der Zeitung über eine gelungene Veranstaltung liest, die in seinem Haus stattgefunden hat.

Dieses Wirgefühl stellt sich nur über Interesse ein. Gute Mitarbeiter sind so etwas wie Spezialisten in Sachen der eigenen Firma. Imageträger, PR-Leute. Und noch bessere Mitarbeiter wissen auch über die Konkurrenz Bescheid, und zwar nicht, weil sie dazu aufgefordert werden, sondern weil sie das einfach interessiert. Niemand muss fürchten, ein Workaholic zu sein, weil er den Wirtschaftsteil einer Tageszeitung liest und in der Fernsehzeitschrift nicht nur Spielfilmankündigungen, sondern auch Politik- und

Kultursendungen als Termin ankreuzt. Es stimmt nicht, dass die Welt immer kleiner wird. Sie wird immer größer und mit jeder wissenschaftlichen oder sonstigen Entdeckung immer spannender und geheimnisvoller. Neugierige, wache Menschen haben es noch nie so gut gehabt wie heute. Und alle diese spannenden Geschichten hängen irgendwie auch mit dem zusammen, was wir alle den ganzen Tag beruflich tun. Jeder Einzelne von uns. Man muss es nur herausfinden.

7. Du sollst Zusammenhänge erkennen

Im vorher Gesagten über die »Neugierde« wurde schon klar, dass es unerlässlich für das eigene Wohlbefinden am Arbeitsplatz ist, zu wissen (und wissen zu wollen!), wie ein Unternehmen im Zusammenspiel der einzelnen Teile funktioniert. Das ist aber nur ein kleines Stück dessen, was mit Überblick gemeint ist. Man muss in der täglichen Arbeit auch herausfinden, warum Dinge richtig oder falsch laufen. Da sind wir einerseits wieder beim »schlechten Chef«, aber auch gleich wieder bei jedem, der davon negativ betroffen ist.

Den meisten engagiert arbeitenden Mitarbeitern muss das Interesse am Firmengeschehen und seinen Auswirkungen nämlich gar nicht erst anempfohlen werden. Es ist normale Begleiterscheinung der Arbeitsverrichtung. Leider würgen heutzutage die Führenden dieses Interesse bewusst ab: Sie sind darauf »getrimmt«, Jahresabschlüsse oder Halbjahresbilanzen vorzulegen, die gut aussehen. Alle Maßnahmen und Planungen, die diese kurzfristigen

Termine überschreiten, jede Mitarbeiterüberlegung, jeder Investitions- oder Verbesserungsvorschlag, dessen angenommenes, positives Ergebnis etwas weiter in der Zukunft liegt, ist für diese Bilanzritter uninteressant. So vermittelt man Mitarbeitern das Weltbild einer Eintagsfliege. So produzieren kurzmützige Chefs kurzmützige Mitarbeiter.

Eine genauso wichtige Regel wie die der Offenheit ist die des Hinterfragens. Jeder Mensch hat Gründe für sein Handeln. Und in den meisten Fällen sind es egoistische. Ein wacher Mitarbeiter sollte sich bei allen relevanten Aussagen, Handlungen und Entscheidungen, die von Vorgesetzten (aber auch Kollegen) getan und getroffen werden und die über das übliche Alltagsgeschehen hinausgehen, zwei Fragen stellen:

Warum tut er/sie das?
Was hat er/sie davon?

Dieses Gedankenspiel hat sich im Kopf des Fragestellers abzuspielen und sollte sozusagen in Fleisch und Blut übergehen.

Das ist weder schizoid noch krankhaft misstrauisch und auch nicht das Handwerkszeug eines Verschwörungstheoretikers, sondern schlicht und einfach Lebenserfahrung.

Die Handlungsmotive der Mitmenschen zu ergründen, schärft nicht nur die Sinne für eigene Vor- und Nachteile und schützt davor, in Fallen zu tappen und anderen Leuten auf den Leim zu gehen, sondern erweitert auch den eigenen Horizont. Jeder gute Feldherr und Taktiker lebt davon, einschätzen zu können, wie der Gegner worauf mit hoher Wahrscheinlichkeit reagieren wird. Diese Planspiele sind in einer gut geführten Vertriebs- und Marketingabteilung tägliches Brot. Wer etwas zu verkaufen hat, d. h. ein Gegenüber für sich gewinnen will bzw. muss, ist schlecht beraten, auf Biegen und Brechen stur das eigene Ziel zu verfolgen. Oberstes Gebot ist die Überlegung, was der »Kunde« (vermutlich) wie haben oder nicht haben möchte. Erst wenn man sich darüber im Klaren ist, kann man eine Strategie dafür entwickeln, wie man diese beiden (meistens zunächst nicht übereinstimmenden Wünsche) in Übereinstimmung bringen kann.

Eigene Ziele erreicht man nur, wenn man den »Mitspielern« – egal, ob es Kollegen, Vorgesetzte, Partner oder Kunden sind – die Chance lässt, auch die ihren zu erreichen. Für solche Überlegungen und Einschätzungen benötigt man nicht nur Einfühlungsvermögen, sondern auch Übersicht, vielleicht sogar Weitsicht und Detailkenntnis, die über den eigenen Dunstkreis hinausreichen.

Wer Überblick und Weitsicht gewinnen will, sollte beizeiten lernen, genau zu beobachten, gut zuzuhören und zwischen den Zeilen lesen zu können. Das Interessanteste an Menschen ist (nicht nur im Berufsleben) herauszufinden, woran ihnen etwas liegt – und vor allem, warum.

8. Du sollst leidenschaftlich sein
Leidenschaft, oder nennen wir es besser Begeisterungsfähigkeit, ist das Salz in der Suppe beruflichen Erfolgs. Menschen, die innerlich beteiligt sind an dem, was sie tun, mobilisieren ungeahnte Energien, kämpfen für die Ziele

ihres Unternehmens und auch ihre eigenen. Vorausgesetzt, es handelt sich nicht um ideologisch verbohrte, neurotische Tendenzen, geschieht das meist mit leichter Hand, selbst dann, wenn felsbrockengroße Hindernisse im Weg liegen. Bei jungen Menschen wirkt das manchmal ungestüm, noch nicht ganz ausgewogen und kann abgebrühtere, erfahrenere Kollegen etwas nerven.

Wenn Sie zu den glücklicheren, vitalen Menschen gehören, die entflammbar sind für Ideen und Ziele, lassen Sie sich diese Fähigkeit um Himmels Willen von keinem kalten Fisch austreiben.

Das Abwürgen von Engagement und Begeisterung gehört zu den schlimmsten Führungsfehlern überhaupt. Lassen Sie nie zu, dass dieses dumme Verhalten Ihr Innerstes wirklich erreicht, zumindest nicht auf lange Zeit. Ziehen Sie sich in solchen Eiszeiten, wenn man Ihr Bestes in der Firma offenbar nicht haben will, auf Ihren unmittelbaren Arbeitsbereich zurück und erledigen Sie auf diesem Feld alles so perfekt, wie die Norm, die Sie selbst bestimmen, es verlangt. Falls das Ihrem Temperament nicht genügt, können Sie durchaus auch (unzickige) Zeichen setzen.

Das darf ruhig so weit gehen, dass Sie beispielsweise Ihren Arbeitsplatz am Abend verlassen, ohne auch nur ein Blatt Papier auf Ihrem Schreibtisch zu hinterlassen. Benutzen Sie Ihre Schubladen, damit Ihre »Platte geputzt« ist. (Da leidenschaftliche Menschen meist recht chaotische, überfüllte Schreibtische haben, fällt das Abräumen, eventuell in Verbindung mit pünktlichem Gehen, stark auf.)

Diesen optischen Protest sollte man allerdings mit dem gewohnten, freundlichen Verhalten verbinden, damit man nicht des Beleidigtseins bezichtigt wird. Solche Aktionen verunsichern die Verursacher enorm und machen sie auch erstaunlich redselig.

Dieser Trick funktioniert meistens und ist nicht übler als die Zurückweisung, die Ihr Engagement erfahren hat.

Aber mit welchen Mitteln auch immer Sie auf die grauen Wellen des schlechten, unkreativen Betriebsklimas reagieren, lassen Sie sich niemals Ihr inneres Feuer nehmen. Wenn es nicht mehr brennt, sind Sie ein anderer geworden. Und das sollten Sie keinem Kollegen, keinem Chef und keinem Unternehmen dieser Welt zugestehen.

9. Du sollst Geduld üben

»Gut Ding will Weile haben« ist ein dermaßen vergessenes Sprichwort, dass es fast schon peinlich ist, es überhaupt zu zitieren. Sein Sinn wird dann augenfällig, wenn man ein schönes Stück – wovon auch immer – in der Hand hält, das mit dem Hinweis »hand-made« versehen ist. Da hat ein Mensch lange Zeit damit verbracht, etwas herzustellen, das es nur einmal gibt. Diese Einmaligkeit in Verbindung mit der Zeit, die dafür benötigt wurde, machen u. a. das Besondere aus.

Zeit ist das kostbarste »Gut«, mit dem wir es im Leben zu tun haben, weil wir alle wissen – auch wenn wir es erfolgreich verdrängen –, dass sie für jeden von uns endlich ist. Solche existenziellen Überlegungen spielen im

Berufsalltag natürlich keine allzu große Rolle. Da geht es profaner und schnell, auf jeden Fall schnell zu. Manchmal so schnell, dass die Erfinder der Geschwindigkeit mit dem selbst geschaffenen Tempo nicht mehr Schritt halten können. Von den Truppen, die ebenfalls an diesen unerbittlichen Takt gebunden sind, ganz zu schweigen. Merke: Geschwindigkeit ist kein Wert an sich!

Es ist nicht ganz einfach herauszufinden, wann und wie die eigene Ungeduld (oder Geduld) mit der von anderen in Einklang zu bringen ist. Wann Geduld eine Tugend ist und wann die Ungeduld. Wissen Sie, warum hochrangige Führungskräfte fast immer einen leeren, blitzblanken Schreibtisch haben? Richtig, damit demonstrieren sie ihren Status: Sie haben nichts mehr mit dem operativen Geschäft zu tun. Sie denken. Dafür braucht es keine Papierstapel. Das, was man dafür benötigt, haben Führungskräfte im Kopf. So weit, so gut. Bevor die Dinge in ihren Kopf kamen, waren jedoch Informationen und Daten nötig, und die wurden zusammengetragen, erarbeitet und vorgelegt, und zwar von Mitarbeitern. Dies ist die kritische Phase. Wie ausführlich dürfen solche Papiere/Unterlagen sein? Amerikanische Studien haben ergeben, dass alles, was nicht in wenigen Sekunden, allenfalls Minuten, erfassbar ist, Topmanager langweilt und ungnädig stimmt. Dirk Baecker schreibt in seinem äußerst lesenswerten Buch *Postheroisches Management* dazu: »Das hängt einerseits damit zusammen, dass der Manager bei jeder Arbeit, die er verrichtet, das Gefühl hat, er verschwende hier nur seine Zeit, weil anderes dringlicher sei. Das hängt andererseits aber auch damit zusammen, dass er alles liebt, was sich abbrechen und unterbrechen lässt. (...) Die Präferenz für das Kurzfristige, das Ungewöhnliche, das Auffällige zeigt sich auch daran, dass der Manager dazu neigt, Gerüchten, Spekulationen und Hörensagen wesentlich mehr Gewicht beizumessen als Routineberichten über Unternehmensfragen. Denn Gerüchte geben ihm die aktuelleren Informationen. Und mit Gerüchten kann er seinerseits alle anderen in Atem halten.«

Dieses Zitat macht deutlich, wann Ungeduld eine Untugend ist. Und warum komplexe Informationen auf dem Weg nach oben immer mehr eingekocht und immer kürzer werden (damit unter schlechten Umständen aber auch fehlerhaft). Es gibt Manager, die verlangen für einen Zwanzigzeilentext »Lesehilfe«.

Solche Dinge zu wissen, ist deshalb wichtig, weil sie einen klugen Mitarbeiter Präzision und Knappheit von Formulierungen lehren. Das erfordert viel Geduld, denn alle wichtigen Informationen komprimiert in einen Text zu gießen, ist viel schwieriger, diffiziler und zeitraubender, als ihn länger abzufassen.

Geduld und Ungeduld stehen in einem dialektischen Verhältnis zueinander, sind zwei Seiten einer Medaille. Geduld mündet nicht immer in das Schweigen der Lämmer – sie kann durchaus revolutionären Charakter haben.

10. Mensch, ärgere dich nicht

Zugegeben, das ist eigentlich unmöglich. Niemand ist so weise – oder abgebrüht –, dass er es wirklich vermeiden kann, sich in bestimmten Lebenssituationen zu ärgern. Es kommt lediglich darauf an, damit richtig umzugehen. Man sollte Ärger als kreative Zwangsmaßnahme betrachten, sozusagen als erzwungenen Lernvorgang.

Wer sich dabei ertappt, sich immer wieder über dieselben Dinge (an sich selbst) zu ärgern – verlegte oder vergessene Schlüssel, Unpünktlichkeit, den Mund nicht halten zu können, voreilige Versprechungen zu machen und dergleichen mehr –, täte gut daran, an den Anlässen gedanklich zu arbeiten. Für solcherart sich immer wiederholendes Fehlverhalten gibt es ja Gründe, über die nachzudenken sich lohnt. Dafür ist weder eine Therapie noch ein Psychologiestudium nötig. Nur ein wenig Neugierde auf sich selbst und Bereitschaft zum Nachdenken. (Diejenigen, die ihre Sätze mit »Ich denke ...« beginnen, signalisieren übrigens meistens nicht, dass sie über das, was sie nachkommend sagen, nachgedacht haben, sondern es gerade jetzt erst tun, während sie sprechen. Nach dem Motto: »Wie soll ich wissen, was ich denke, bevor ich höre, was ich sage?« Logisch, oder?)

Der Ärger, den man sich selbst macht, ist allerdings nicht der schlimmste. Da man sich im Regelfall am nächsten steht, verzeiht man sich selbst auch am schnellsten. Der Ärger, den die anderen fabrizieren, reicht meist tiefer und hält länger an. Aber auch diesen Adrenalinbomben kann man am besten mit Hilfe der grauen Zellen zu Leibe rücken, mit denen wir – Gott sei Dank – ausgestattet sind. Lernen Sie, besser früher als später, die Emotion vom Ärger verursachenden Problem abzulösen. Die chemische Formel von Ärger besteht zu 99 Prozent aus Emotion und zu 1 Prozent aus dem Problem. Es ist unnötig (und falsch), Ärger hinunterzuschlucken – er muss nur in seine Bestandteile zerlegt werden. Unser Denkapparat ist unser bester Freund, man muss ihn nur einschalten und arbeiten lassen. Viele Menschen wissen einfach nicht, dass ihr Hirn das Potenzial eines Lamborghini hat, und behandeln es deshalb wie ein Moped.

Wer sich von Ärger zerfressen lässt, macht etwas verkehrt. Er glaubt vielleicht, das Gegenteil vom Ärgern sei Gleichgültigkeit. Schon wieder verkehrt. Ärger ist dafür da, um einen klüger zu machen. Und wer klug ist, genießt sein Leben. Er lässt es sich von nichts und niemandem vermiesen. Und er wird alles tun, um es sich in jeder Situation so gut gehen zu lassen, wie es nur geht. Holen Sie aus jeder Minute Ihres Lebens – auch Ihres Berufslebens – das Optimale an Lebensfreude heraus.

Ihr Chef ist ein Arschloch? Na und? Denken Sie daran: Sie besitzen einen Lamborghini. Fahren Sie ihn.

EPILOG – DIE WELT DER CHEFS UND ANGESTELLTEN IN DER LITERATUR

Vor dem Hintergrund einiger Jahre Berufserfahrung habe ich dieses Buch unter pragmatischen Gesichtspunkten geschrieben. Dabei unterstellte ich, dass es immerhin eine Normalität von fähigen Chefs und willigen Mitarbeitern geben könnte, die gemeinsam, unverdrossen und zu wechselseitigem Nutzen das Wohl ihrer Firma mehren. Und ich versuchte, diejenigen Ursachen und Faktoren kritisch zu beleuchten, die einem gedeihlichen Einvernehmen der Beteiligten und einer erfolgreichen, effizienten Zusammenarbeit im Wege stehen. Unterstellt habe ich auch, dass es Menschen – durchschnittliche Begabung und guten Willen vorausgesetzt – ohne weiteres möglich ist, ihre Rolle im sozialen Verbund eines Unternehmens zu finden und zu spielen.

Aber was ist mit denjenigen, die dazu nicht in der Lage sind, die den Anpassungsdruck nicht aushalten oder aus Gründen des Stolzes und der Würde die (meist) bescheidene Karriere nebst den entsprechenden Wohltaten gar verachten?

In der Literatur des 20. Jahrhunderts haben sich Schriftsteller immer wieder für den Preis interessiert, den das Individuum für soziale Integration im Zeichen ökonomischen Zwangs zu entrichten hat. »Keine Forschung«, schrieb Theodor W. Adorno, »reicht bis heute in die Hölle hinab, in der die Deformationen geprägt werden, die später als Fröhlichkeit, Aufgeschlossenheit, Umgänglichkeit, als gelungene Einpassung ins Unvermeidliche und als unvergrübelt praktischer Sinn zutage kommen.«

Im Folgenden möchte ich beispielhaft einige dieser Autoren zu Wort kommen lassen – in der Hoffnung, Ihnen Lust zu machen, deren Bücher zu lesen und die existenzielle Dimension unseres Themas zu erkunden.

Beginnen wir hierarchisch: Was (wer) ist also ein Chef? Das Wort hat einen kalten, scharfen Klang. Es ist ein Lehnwort aus dem Französischen, wo es »Oberhaupt, Anführer, Leiter« bedeutet, abgeleitet aus dem Lateinischen von *caput*, »Kopf«. Chefs sind die Stützen der Gesellschaft, sind mit den Insignien der Macht ausgestattet, sind unbedenklich Handelnde.

»Die Welt gehört demjenigen, der nicht fühlt«, schreibt Fernando Pessoa in seinem *Buch der Unruhe*. »Die wesentliche Voraussetzung«, so weiter, »um ein praktischer Mensch zu sein, ist ein Mangel an Sensibilität.« Chefs sind potenzierte Erwachsene. Ein Chef, so scheint es, kommt gleichsam als Chef zur Welt, komplett von Anbeginn.

Vielleicht ist mir deshalb, weil der Titel mir paradox vorkam, Sartres Erzählung *Die Kindheit eines Chefs* ins Auge gesprungen. Lucien, der blondlockige, verzärtelte Protagonist dieser Geschichte, scheint wenig prädestiniert für seine Rolle. Gleich zu Beginn heißt es von ihm: »Er war sich nicht ganz sicher, kein kleines Mädchen zu sein.« Sein Vater befehligt eine Fabrik, und von ihm erfährt er seine Bestimmung: »Werde ich auch einmal Chef?«, fragt

Lucien. »Aber sicher, mein Männlein«, antwortet der Vater, »dazu habe ich dich in die Welt gesetzt.« Lucien kann sich so gar nicht vorstellen, wie das denn gehen könnte. Er leidet an der Trägheit des Herzens, ist ein Tagträumer und verliert sich in diffusen Gefühlen. Seine Mutter (»heiß, parfümiert und ganz in Seide«) ist ihm wechselweise Gegenstand latenter Begierde und heftiger Abneigung. Im Übrigen unterscheidet Lucien die Menschen danach, ob sie Schnurrbärte tragen oder nicht. Umgetrieben von nihilistischen Stimmungen, unterliegt er gelegentlich sadistischen Anwandlungen. Viel reizvoller (als etwa Blumen die Köpfe abzuschlagen) erscheint es ihm, »einer Heuschrecke die Beine auszureißen, denn sie zitterte zwischen seinen Fingern wie ein Kreisel, und wenn man ihr auf den Bauch drückte, floß ein gelber Saft heraus«.

Aber was Lucien auch tut, es gelingt ihm nicht, zu der ihn umgebenden Welt in ein pragmatisches Verhältnis zu treten. Er zweifelt an allem, vor allem an sich selbst. Wie soll so einer Chef werden? – Er wird nacheinander Exhibitionist, Voyeur, Homosexueller, dann Macho und Antisemit. Am Ende beschließt er, sich einen Schnurrbart wachsen zu lassen und Chef zu werden. Es steht zu befürchten, dass ihm dies auch gelingt.

Dem Unbehagen in der Angestelltenkultur hat keiner vergleichbar Ausdruck gegeben wie Franz Kafka. Sein Unglück reicht – anders als bei Sartre, dem es um eine Demaskierung der psychopathologischen Abgründe des Führungspersonals geht – in existenzielle Tiefen. Kafka hat den Archetypus des Chefs in seinem despotischen Vater kennen gelernt. An dieser übermächtigen Figur, einer Verkörperung absoluter Willkür, der seine Angestellten »bezahlte Feinde« nannte, bildete sich Kafkas Erfahrung von hoffnungsloser Vereinzelung und unaufhebbarer Ohnmacht: »Zwischen uns war es kein eigentlicher Kampf, ich war bald erledigt; was übrig blieb war Flucht, Verbitterung, Trauer, innerer Kampf«, schreibt er in seinem (nie abgesandten) *Brief an den Vater*.

Es stimmt im Übrigen nicht, dass Kafka sich nicht gewehrt hätte. Wer schreibt, wehrt sich. Sein Roman *Das Schloß* kann (auch) als Versuch gelesen werden, den absurden Machenschaften der Beamten und Kastellane – ebenfalls eine kollektive Verkörperung der Willkür und letzte Instanz – mit Mitteln eines verzweifelten Humors Herr zu werden. (Für Menschen, denen die Organisationsformen global agierender Konzerne unheimlich zu werden beginnen, möchte ich sogar Kafkas Roman als rechtes Trostbuch empfehlen.)

Und in seinen Briefen an Felice Bauer, seine Braut, findet sich eine (ebenfalls mit Humor unterlegte) Beschreibung seines Arbeitsplatzes bei der Versicherungsanstalt *Assicurazioni Generali*: »Es gab da eine gewisse Stelle in einem kleinen Gang, der zu meinem Bureau führte, in dem mich fast jeden Morgen eine Verzweiflung anfiel, die für einen stärkeren konsequenteren Charakter als ich es bin überreichlich zu einem geradezu seligen Selbstmord genügt hätte ...«

Ein Seelenverwandter Franz Kafkas ist der Schweizer

Schriftsteller Robert Walser. Möge man sich über die gelegentliche Niedlichkeit seines Tonfalls nicht täuschen. Seine Bücher führen in eine Welt, in der die Angestelltenschaft erst im Entstehen ist, in der ein Chef noch altväterlich »Prinzipal« genannt wird und sein Untergebener »Kommis«. Ein solcher ist Joseph Marti in Walsers Roman *Der Gehülfe*. Er dient einem spekulativ tätigen Unternehmer, dem Ingenieur Tobler, der von einer geradezu hysterischen Neuerungssucht befallen ist und so unsinnige Dinge wie die »Reklameuhr« oder den »Schützenautomaten« propagiert (in dieser Hinsicht ein Urahn der vom Internet berauschten Start-up-Unternehmer!).

Joseph Marti aber ist ein von vornherein Deklassierter. Ob seine psychische Verfassung von jener heutiger Angestellter sehr verschieden ist?

»So ein Prinzipal, er mochte doch der netteste Mensch von der Welt sein, blieb doch immer eine Ursache zum fortwährenden Aufpassen. War er guter Laune, so hatte man beständig Angst, etwas könnte kommen und die fröhliche Gebieterlaune ins gerade Gegenteil umschlagen. War er gehässig und bissig, so hatte man die mehr als saure Pflicht, sich selbst für einen struben Gauner zu halten, weil man sich unwillkürlich als der elende Veranlasser der schlechten Stimmung ansah. War er gleichmütig und gesetzt, so blieb die Aufgabe vor, diesem gleichmäßigen Wesen keinen auch nur fadenscheinig dünnen Schaden anzutun, damit es sich ja nicht etwa mit einem Ritzchen und Spältchen verletzt fühle. War der Herr spaßig aufgelegt, so verwandelte man sich augenblicklich in einen

Pudel, da es doch galt, dieses lustige Tier nachzuahmen und die Witze und Zoten behend aufzuschnappen. War er gütig, so kam man sich wie ein Elender vor, war er grob, so fühlte man sich verpflichtet, zu lächeln.«

Der Gehülfe schwankt zwischen Unterwerfung und trotzigem Aufbegehren, gelegentlich ballt er die Faust in der Tasche. Er weiß, dass am Ende immer er der Dumme ist.

Mein Lieblingsheld unter den Angestellten in der Literatur, ihre gewissermaßen radikalste Erscheinung, ist der Schreiber Bartleby in Herman Melvilles gleichnamiger Erzählung.

Bartleby wird Kopist in der Kanzlei eines Wall-street-Notars. Er treibt – als dunkler Schatten von dessen Selbstgefälligkeit – seinen Chef zur Verzweiflung, indem er auf allfällige Anweisungen stets mit dem stereotypen Satz »I would prefer not to – Ich möchte lieber nicht« reagiert. Der höfliche Ton dieses Satzes täuscht den Notar über die geradezu grimmige Entschlossenheit seines Gehilfen, sich in der Konsequenz jeglichem Auftrag zu verweigern.

Rationale Gründe für die Verweigerung Bartlebys sind (zumindest aus der Perspektive des Notars) nicht zu erkennen. So scheitern alle Bemühungen dieses Chefs, Bartleby zu einem nützlichen Mitglied der Gesellschaft zu machen. Bartleby ist sein philanthropischer Irrtum. He would prefer not to.

Melville hat in seiner Erzählung denen, die nicht mitmachen wollen (oder können), ein unauslöschliches Denkmal gesetzt. Ist es Verzweiflung über die eigene Unfähigkeit, Zorn über die Uneinsichtigkeit Bartlebys,

Rührung über das traurige Schicksal seines Schreibers oder nichts als Selbstmitleid, wenn der Notar am Ende ausruft: »O Bartleby! O Menschlichkeit!« –

Welcher von beiden ist gründlicher gescheitert?

DEUTSCHLAND TESTET SEINE FÜHRUNGSKRÄFTE

oder

TESTEN SIE IHREN CHEF

Niemand hat ein Recht auf Faulheit.
Aber jeder hat das Recht auf einen fähigen Vorgesetzten.

Das Chef-Zeugnis

Geben Sie Ihrer Chefin/Ihrem Chef Schulnoten. Dabei bedeutet:

1 = sehr gut	2 = gut
3 = durchschnittlich	4 = gerade noch ausreichend
5 = mangelhaft	6 = absolut ungenügend

Eine gute Chefin, ein guter Chef sollte einen Notendurchschnitt von höchstens 2,0 erreichen.
Ist der Durchschnitt höher, sollte die Führungskraft – anders als in der Schule – dringend versetzt werden.

Die wichtigsten Wissensfächer für Chefs

                                        1 2 3 4 5 6

Fachwissen auf dem Spezialgebiet der Firma ☐ ☐ ☐ ☐ ☐ ☐

Fachkönnen (wie gut das Fachwissen praktisch umgesetzt wird) ☐ ☐ ☐ ☐ ☐ ☐

Wissen über Märkte ☐ ☐ ☐ ☐ ☐ ☐

Wissen über Kunden ☐ ☐ ☐ ☐ ☐ ☐

Wissen über Kapital und Finanzen ☐ ☐ ☐ ☐ ☐ ☐

Wissen über die Mitarbeiter ☐ ☐ ☐ ☐ ☐ ☐

Wissen über die Stellung der Firma in der Öffentlichkeit ☐ ☐ ☐ ☐ ☐ ☐

Geistige Qualitäten, die jeder Chef braucht

Fachliches Interesse (will alles wissen; glaubt nicht, genug zu wissen) ☐ ☐ ☐ ☐ ☐ ☐

Persönliches Engagement (interessiert sich für die Arbeit deutlich stärker als für das, was dabei für ihn/sie herausspringt) ☐ ☐ ☐ ☐ ☐ ☐

Bildungswunsch (will lernen, will sich weiterbilden) ☐ ☐ ☐ ☐ ☐ ☐

Geistiges Engagement (kann immer noch erstaunt sein) ☐ ☐ ☐ ☐ ☐ ☐

	1	2	3	4	5	6
Analytische Intelligenz (kann logisch denken)	☐	☐	☐	☐	☐	☐
Emotionale Intelligenz (hat die Gabe der Intuition)	☐	☐	☐	☐	☐	☐
Soziale Intelligenz (kann sich in andere Menschen einfühlen)	☐	☐	☐	☐	☐	☐
Geistige Redlichkeit (manövriert, manipuliert, trickst nicht)	☐	☐	☐	☐	☐	☐
Entscheidungsfähigkeit (rational – nicht emotional)	☐	☐	☐	☐	☐	☐
Urteilskraft (Entscheidungen halten der Praxis stand)	☐	☐	☐	☐	☐	☐

Innovation

	1	2	3	4	5	6
Hat neue, originelle Ideen	☐	☐	☐	☐	☐	☐
Qualität dieser neuen, eigenen Ideen	☐	☐	☐	☐	☐	☐
Innovationsfreude (will neue Ideen auch durchsetzen)	☐	☐	☐	☐	☐	☐
Innovationsfähigkeit (kann eigene oder fremde Ideen umsetzen)	☐	☐	☐	☐	☐	☐
Ist offen für Neues oder Ungewohntes	☐	☐	☐	☐	☐	☐
Fördert innovative Mitarbeiter und deren neue Ideen	☐	☐	☐	☐	☐	☐

	1	2	3	4	5	6
Ist risikobereit	☐	☐	☐	☐	☐	☐
Bekommt von den Mitarbeitern Kreativität und neue Ideen	☐	☐	☐	☐	☐	☐
Kann Gespräche führen, bei denen Mitarbeiter aus sich herausgehen	☐	☐	☐	☐	☐	☐
Kann Gespräche mit Mitarbeitern führen, bei denen ungewöhnliche Ideen herauskommen	☐	☐	☐	☐	☐	☐

Verhalten in der Firma

	1	2	3	4	5	6
Kontaktfähigkeit (geht leicht und locker auf alle Mitarbeiter zu)	☐	☐	☐	☐	☐	☐
Informationsbedürfnis (weiß/weiß nicht, was in der Firma geschieht)	☐	☐	☐	☐	☐	☐
Kommunikationsbedürfnis (jeder weiß, woran man bei ihm/bei ihr ist; ist in der Firma deshalb eine berechenbare Größe	☐	☐	☐	☐	☐	☐
Kann integrieren	☐	☐	☐	☐	☐	☐
Kann unterschiedliche Interessen ausgleichen	☐	☐	☐	☐	☐	☐
Ist ein Teamspieler	☐	☐	☐	☐	☐	☐

	1	2	3	4	5	6
Verliert so gut wie nie die Selbstkontrolle	☐	☐	☐	☐	☐	☐
Trägt keine menschliche Maske – zeigt, wer er/wer sie ist	☐	☐	☐	☐	☐	☐
Vermittelt den Menschen Vertrauen	☐	☐	☐	☐	☐	☐
Strahlt Zuversicht aus	☐	☐	☐	☐	☐	☐
Hat und verbreitet Hoffnung	☐	☐	☐	☐	☐	☐
Hat und verbreitet Optimismus	☐	☐	☐	☐	☐	☐
Hat und zeigt Respekt vor anderen Menschen und deren Leistung	☐	☐	☐	☐	☐	☐
Ist Kunden gegenüber verbindlich	☐	☐	☐	☐	☐	☐
Ist innerhalb der Firma verbindlich	☐	☐	☐	☐	☐	☐
Kann unternehmerisch denken	☐	☐	☐	☐	☐	☐
Kann unternehmerisch handeln	☐	☐	☐	☐	☐	☐

Menschliches Vorbild

	1	2	3	4	5	6
Leistungsmotivation (kann sich selbst motivieren)	☐	☐	☐	☐	☐	☐
Kann Mitarbeiter durch eigene Leistungsbereitschaft motivieren	☐	☐	☐	☐	☐	☐
Kann Mitarbeiter vom Sinn der Aufgaben überzeugen	☐	☐	☐	☐	☐	☐

	1 2 3 4 5 6
Hat die eigenen Stimmungsschwankungen bei sich unter Kontrolle	☐ ☐ ☐ ☐ ☐ ☐
Beherrscht eigene Stimmungen den Mitarbeitern gegenüber	☐ ☐ ☐ ☐ ☐ ☐
Lebt und denkt mehr in der Zukunft als in der Vergangenheit	☐ ☐ ☐ ☐ ☐ ☐
Geht planvoll vor	☐ ☐ ☐ ☐ ☐ ☐
Hat Mut	☐ ☐ ☐ ☐ ☐ ☐
Ist fleißig	☐ ☐ ☐ ☐ ☐ ☐
Hat Durchhaltevermögen	☐ ☐ ☐ ☐ ☐ ☐
Hat Pflichtgefühl	☐ ☐ ☐ ☐ ☐ ☐
Übernimmt bereitwillig Verantwortung	☐ ☐ ☐ ☐ ☐ ☐
Übt Mäßigung, ist kein Opfer eigener Gier	☐ ☐ ☐ ☐ ☐ ☐
Geht beim Verfolgen persönlicher Ziele nie über Leichen	☐ ☐ ☐ ☐ ☐ ☐

Führungsqualitäten

Kann gut zuhören	☐ ☐ ☐ ☐ ☐ ☐
Stellt häufig Fragen	☐ ☐ ☐ ☐ ☐ ☐
Interessiert sich ehrlich für das, was die Mitarbeiter denken	☐ ☐ ☐ ☐ ☐ ☐

	1	2	3	4	5	6
Glaubt nicht, selbst alles besser zu wissen	☐	☐	☐	☐	☐	☐
Glaubt nicht, selbst alles richtig zu machen	☐	☐	☐	☐	☐	☐
Diskutiert und überzeugt oft, ordnet nur selten an	☐	☐	☐	☐	☐	☐
Kennt die Belastungsgrenze der Mitarbeiter (über-fordert oder unter-fordert nicht)	☐	☐	☐	☐	☐	☐
Fördert Mitarbeiter ausreichend	☐	☐	☐	☐	☐	☐
Fördert einige Mitarbeiter zu stark und andere zu wenig	☐	☐	☐	☐	☐	☐
Mitarbeiter verstehen meist seine Entscheidungen	☐	☐	☐	☐	☐	☐
Weiß nicht, woran jeder einzelne Mitarbeiter gerade arbeitet	☐	☐	☐	☐	☐	☐
Fühlt sich für die Belange der Mitarbeiter verantwortlich	☐	☐	☐	☐	☐	☐
Sorgt für Sicherheit der Mitarbeiter	☐	☐	☐	☐	☐	☐
Macht Mitarbeiter kompetent, möglichst viel selbst zu regeln	☐	☐	☐	☐	☐	☐
Führt durch persönlichen Einsatz und nicht durch »stramme Haltung«	☐	☐	☐	☐	☐	☐
Ist zu den Menschen loyal	☐	☐	☐	☐	☐	☐

	1 2 3 4 5 6
Setzt Mitarbeiter richtig ein	☐☐☐☐☐☐
Gibt konkretes Feedback für Leistungen, statt nur pauschales Lob	☐☐☐☐☐☐
Hält allgemeines Herumloben nicht für Motivieren	☐☐☐☐☐☐
Kann Arbeit, Leistung oder Verhalten korrigieren, ohne zu entmutigen	☐☐☐☐☐☐
Kann korrigieren und kritisieren, ohne sich Feinde zu machen	☐☐☐☐☐☐
Bekommt von den Mitarbeitern freiwillig sehr viel Leistung	☐☐☐☐☐☐
Kann Ratschläge aufnehmen und annehmen	☐☐☐☐☐☐
Trifft Entscheidungen rasch und sicher	☐☐☐☐☐☐
Kann die Arbeit nicht richtig planen	☐☐☐☐☐☐

Menschliche Umgangsformen

Folgt im Umgang von Mensch zu Mensch den Regeln des Fairplay	☐☐☐☐☐☐
Zeigt Dank für gute Leistungen	☐☐☐☐☐☐
Ist menschlich »sauber« und integer	☐☐☐☐☐☐
Ist freundlich	☐☐☐☐☐☐

	1	2	3	4	5	6
Zeigt Fürsorge für Mitarbeiter	☐	☐	☐	☐	☐	☐
Zeigt Toleranz	☐	☐	☐	☐	☐	☐
Ist gerecht	☐	☐	☐	☐	☐	☐
Hat Humor	☐	☐	☐	☐	☐	☐
Hat Leichtigkeit	☐	☐	☐	☐	☐	☐
Zeigt Sympathie	☐	☐	☐	☐	☐	☐
Kann Sympathie auch annehmen	☐	☐	☐	☐	☐	☐
Ist großzügig – nicht kleinlich oder kleinkariert	☐	☐	☐	☐	☐	☐

Menschliche Qualitäten

	1	2	3	4	5	6
Ist im eigenen Verhalten ein Vorbild für alle in der Firma	☐	☐	☐	☐	☐	☐
Ist über die beruflichen Anforderungen hinaus gebildet	☐	☐	☐	☐	☐	☐
Kennt und respektiert die Kulturen aller Mitarbeiter	☐	☐	☐	☐	☐	☐
Kennt und respektiert die sozialen Schichten aller Mitarbeiter	☐	☐	☐	☐	☐	☐
Integriert Mitarbeiter verschiedener Herkunft	☐	☐	☐	☐	☐	☐

	1 2 3 4 5 6
Ist zu jüngeren und älteren Menschen in gleicher Weise solidarisch	☐ ☐ ☐ ☐ ☐ ☐
Ist zu Frauen wie zu Männern in gleicher Weise solidarisch	☐ ☐ ☐ ☐ ☐ ☐
Niemand muss sich in seiner/ihrer Gegenwart verstellen	☐ ☐ ☐ ☐ ☐ ☐
Mitarbeiter fühlen sich frei, offen zu reden	☐ ☐ ☐ ☐ ☐ ☐
Er/sie erzeugt keine Angst und Unsicherheit	☐ ☐ ☐ ☐ ☐ ☐
Kritisiert Fehler so, dass sich niemand als Mensch in Frage gestellt fühlt	☐ ☐ ☐ ☐ ☐ ☐
Kann schwere Entscheidungen in schweren Zeiten verständlich machen	☐ ☐ ☐ ☐ ☐ ☐

Lebensqualität in der Arbeit und darüber hinaus

Sorgt für möglichst gute Lebensbedingungen	☐ ☐ ☐ ☐ ☐ ☐
Sorgt für die Lösung von Gesundheitsproblemen	☐ ☐ ☐ ☐ ☐ ☐
Sorgt für die Lösung von Umweltproblemen	☐ ☐ ☐ ☐ ☐ ☐

	1	2	3	4	5	6

Sorgt für die Lösung
gesellschaftlicher Probleme ☐ ☐ ☐ ☐ ☐ ☐

Hat Sinn für Kunst und Kultur,
für das Schöne, das Herausragende ☐ ☐ ☐ ☐ ☐ ☐

Hat, zeigt und verbreitet Lebensfreude ☐ ☐ ☐ ☐ ☐ ☐

Liebt das Leben ☐ ☐ ☐ ☐ ☐ ☐

Moralische Eigenschaften

Ist ein Menschenführer
und kein Menschenschinder ☐ ☐ ☐ ☐ ☐ ☐

Ist ein guter Bürger – verstößt nicht
gegen Recht und Gesetz ☐ ☐ ☐ ☐ ☐ ☐

Ist aufrichtig – aber nie beleidigend ☐ ☐ ☐ ☐ ☐ ☐

Ist ehrlich ☐ ☐ ☐ ☐ ☐ ☐

Verstößt gegen keine Vorschriften
(zum Beispiel im Straßenverkehr) ☐ ☐ ☐ ☐ ☐ ☐

Nimmt niemals Dinge aus der Firma
mit ☐ ☐ ☐ ☐ ☐ ☐

Geht mit Sachwerten und Firmenver-
mögen pfleglich um ☐ ☐ ☐ ☐ ☐ ☐

Nutzt die Arbeitskraft von Mitarbeitern niemals privat ☐ ☐ ☐ ☐ ☐ ☐

	1 2 3 4 5 6
Verleitet Mitarbeiter nie zu Rechtsverstößen	☐ ☐ ☐ ☐ ☐ ☐
Engagiert sich als guter Bürger für die Gemeinschaft	☐ ☐ ☐ ☐ ☐ ☐
Besitzt Lebensweisheit	☐ ☐ ☐ ☐ ☐ ☐
Hat religiöses Empfinden	☐ ☐ ☐ ☐ ☐ ☐
Respektiert religiöses Empfinden bei Mitarbeitern	☐ ☐ ☐ ☐ ☐ ☐
Sieht einen Sinn im Leben	☐ ☐ ☐ ☐ ☐ ☐

Ego-Faktor — nein = 1 ja = 6

Sorgt besser für sich selbst als für die Mitarbeiter	☐	☐
Gibt eigene Privilegien an Mitarbeiter weiter (z.B. Ferngespräche führen dürfen; eigener Internet-Zugang	☐	☐
Sorgt erst für die Herde, wenn das eigene Schäfchen im Trockenen ist	☐	☐
Hat mehr Arbeitsplatzsicherheit als die Mitarbeiter	☐	☐
Hat weniger Existenzangst als die Mitarbeiter	☐	☐
Nimmt Prämien an – auch wenn bei den Mitarbeitern gekürzt wird	☐	☐

	nein = 1	ja = 6
Legt Wert auf Statussymbole	☐	☐
Zeigt (Kleidung, Uhr, Auto), dass er/sie etwas »Besseres« ist	☐	☐
Verbringt Freizeit nur dort, wo er/sie keine Mitarbeiter trifft	☐	☐
Isst im Casino und nicht in der Kantine	☐	☐
Verbringt Pausen eher mit anderen Chefs als mit den Mitarbeitern	☐	☐
Betont durch Kleidung, Stil, Benehmen, Berichte über Privatleben etc., »ein höheres Niveau« zu haben als die Mitarbeiter	☐	☐
Ist unbescheiden	☐	☐
Trägt Selbstbewusstsein zur Schau	☐	☐
Häuft immer mehr Macht bei sich an	☐	☐
Verhindert, dass Mitarbeiter die Entscheidungen treffen können, für die sie kompetent sind	☐	☐
Verhält sich Mitarbeitern gegenüber unnatürlich (übermäßig kumpelhaft oder übermäßig distanziert)	☐	☐
Mitarbeiter ziehen seine/ihre Kompetenz mit Recht in Zweifel	☐	☐

	nein = 1	ja = 6
Ist nie entspannt	☐	☐
Klagt oft über Wehwehchen und Belastung	☐	☐
Ist oft nervös und gereizt	☐	☐
Rechtfertigt alle persönlichen Launen durch Arbeitsbelastung	☐	☐
Lässt andere Menschen oft warten	☐	☐
Ist unkooperativ	☐	☐
Setzt sich auch dann durch, wenn Einigung möglich wäre	☐	☐
Befriedigt in der Arbeit persönlichen Ehrgeiz	☐	☐
Ist im Beruf wie privat arrogant	☐	☐
Findet immer Möglichkeiten, zu zeigen, wie wichtig er/sie ist	☐	☐
Prahlt damit, die wichtigen und richtigen Leute zu kennen	☐	☐
Wird unruhig, wenn Mitarbeiter nachdenken	☐	☐
Verplant den gesamten Tag	☐	☐
Zwingt Mitarbeiter, sich nach seinem/ihrem Tageslauf zu richten	☐	☐

	nein = 1	ja = 6
Darf müde sein und von Mitarbeitern Fitness verlangen	☐	☐
Darf über Kleinigkeiten meckern (ungeleerte Papierkörbe)	☐	☐
Will am liebsten alles selbst machen, kann nicht deligieren	☐	☐
Akzeptiert nicht, dass Menschen Feierabend haben	☐	☐
Verletzt Grundregeln der Höflichkeit (sagt nicht »Guten Tag«, sondern »Hat jemand für mich angerufen?«)	☐	☐
Sucht die oberflächlichen menschlichen Kontakte, die die Arbeit bietet, und scheut das wahre menschliche Engagement	☐	☐
Ist disziplinlos, weil sich die anderen nach ihm/ihr zu richten haben	☐	☐

REGISTER

Abhängigkeit 26
Adorno, Theodor W. 159
Aggression 15, 29, 143
Alpha-Tier 10, 16
Anerkennung 60, 66
Angst 9, 23–50, 80, 98, 114f, 117, 124, 129, 132, 135, 146f
Arbeitgeber 49, 136
Arbeitnehmer 49f, 55, 136
Arbeitsplatz 50, 55
Ärger 157f
Arschloch 71, 76, 87, 158
Ausdauer 47
Autorität 71

Baecker, Dirk 155
Bedenkenträger 118
Begeisterungsfähigkeit 152
Betriebsausflug 57f
Betriebsklima 56, 148, 154
Bloch, Ernst 140
Brecht, Bert 123

Choleriker 119

Diskussion 98, 100
Distanz 34

Ehrgeiz 75
Eifersucht 28
Emotionen 25f, 132–136, 138f, 144, 146, 158
Energie 48, 83, 89
Engagement 56, 153
Entscheidung 39, 78, 86, 129–132
Entscheidungsschwäche 105
Erbsenzähler 119
Erfahrung 83, 93
Erfolg 46, 61, 113, 128, 146, 148, 152

Frustration 56

Geduld 36, 47, 99, 117, 154–156
Gefühl siehe Emotionen
Gehaltserhöhung 66, 69
Geld 45, 61–70, 73–76, 135
Goethe, Johann Wolfgang von 74, 112

Gruppenseminar
siehe Workshop

Handke, Peter 132
Human Resource 121, 135
Hysteriker 119

Interesse 150
Intrigant 120

Jasager 33

Kafka, Franz 161 f
Karriere 75 f, 79, 83, 99, 102, 109, 122, 159
Klärendes Gespräch 81
Kommunikation 64, 125–128, 139, 142, 144
Kompetenz 94
Konflikt 98, 107, 112
Konfliktscheuer 120
Kontaktfreudigkeit 46
Kontaktschwäche 28
Kontrollinstrument 126 f
Kraucauer, Siegfried 9
Kraus, Karl 148
Kreativität 48, 64, 83
Krisenmanagement 135
Kritikfähigkeit 117

Kumpel 121
Kündigung 85

Langeweile 99
Lastenträger 112

Machiavelli 112, 115, 123
Macht 19, 27 62, 75, 98 f, 122
Manipulation 59, 133
Melville, Hermann 164
Misserfolg 98, 110, 128, 146
Misstrauen 27 f
Mitarbeiteridentifikation 61
Mohn, Reinhard 131
Motivation 22, 51 f, 58 f, 63–65, 76
extrinsische 63
intrinsische 64
Mut 144–146

Neugier 47, 150

Offenheit 143 f, 151
Opportunist 118

Pessoa, Fernando 160

Rebell 78
Riemann, Fritz 26, 29

Sartre, Jean Paul 160 f
Schwächen 60
Soziale Erleichterung 14
Soziale Hemmung 15 f
Spillover-Effekt 64
Stärken 60
Stress 119

Team 22, 36

Ungeduld 47, 154–156

Verantwortung
44, 56, 64, 75 f
Verlierer 74
Verlustangst 35

Walser, Robert 161
Wichtigtuer 122
Workshop
33, 57–59

Zeit 45, 48, 83, 93,
117, 138
Zielvorgaben 15
Zyniker 120

Überleben im Job!

39095

Die Klugen leben von den Dummen.
Die Dummen von der Arbeit.

Corinne Maier
Die Entdeckung der Faulheit

Von der Kunst, bei der Arbeit
möglichst wenig zu tun

GOLDMANN

15395

DAS WIRKLICH WICHTIGE WISSEN

»Was für ein interessantes, witziges, kurioses, informatives, absurdes, überraschendes Buch. Her damit!«
Süddeutsche Zeitung Magazin

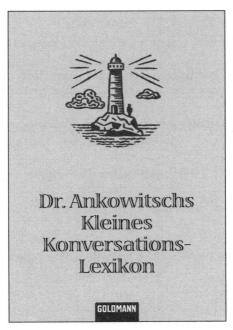

GOLDMANN

Einen Überblick über unser lieferbares Programm
sowie weitere Informationen zu unseren Titeln und
Autoren finden Sie im Internet unter:

www.goldmann-verlag.de

Monat für Monat interessante und fesselnde
Taschenbuch-Bestseller

Literatur deutschsprachiger und internationaler Autoren

∞

Unterhaltung, Kriminalromane, Thriller,
Historische Romane und Fantasy-Literatur

∞

Klassiker mit Anmerkungen, Anthologien
und Lesebücher

∞

Aktuelle Sachbücher und Ratgeber

∞

Bücher zu Politik, Gesellschaft, Naturwissenschaft
und Umwelt

∞

Alles aus den Bereichen Esoterik, ganzheitliches Heilen
und Psychologie

Die ganze Welt des Taschenbuchs

Goldmann Verlag • Neumarkter Straße 28 • 81673 München

GOLDMANN